東京安全研究所・都市の安全と環境シリーズ

著
福島淑彦

6

首都直下地震

被害・損失とリスクマネジメント

早稲田大学出版部

はじめに

　日本はOECD諸国の中で自然災害に対して抱えるリスクが最も高い国です。自然災害に対して抱えるリスクの水準は、「自然災害発生の確率」、「自然災害が発生した際に被害を被る可能性のある人口」、「自然災害発生に対する社会経済システムの脆弱性」の3つの要素によって決まります。第1番目の要素は人間がコントロールできるものではありません。第2番目の要素は、政府が規制等によってある程度コントロールすることができるかもしれませんが、100パーセントコントロールすることは不可能です。第3の要素は、政府や国民の努力によって改善することは可能です。但し、自然災害の発生時に全く影響を受けない社会経済システムの構築は不可能です。これら3つの要素の中で第1の要素と第2の要素が高い水準にあることが、OECD諸国の中で日本が突出して自然災害に対して危険な状況にある主たる原因です。日本の中でも特に東京は直面している自然災害の種類が多岐に渡っており、それぞれの自然災害の発生確率も高い都市です。さらに東京に住んだり東京で働いている人たちの数が非常に多いため、世界の大都市の中でも自然災害に対して抱えるリスクが最も高い都市となっています。自然災害の中でも地震発生に伴う人的被害は他の自然災害の比でありません。UNISDR（2018）（1章文献1）によれば、1998年から2017年の期間で、世界全体で発生した自然災害の内、43％が洪水、台風が28％、地震が8％、熱暑が6％、地滑りが5％、干ばつが5％でした。これらの自然災害によって死亡した人の割合（人数）は、地震が56％（約75万人）、台風が17％（約23万人）、熱暑が13％（約17万人）、洪水が11％（約14万人）でした。このように、地震は発生回数そのものは他の自然災害を比較して多くはないものの、地震による人的被害は他の自然災害と比べて甚大です。世界の都市

の中でも人口が多く、人口密度が非常に高い東京で直下地震が発生した場合には、その経済損失と人的損失は計り知れないものとなってしまいます。

このような状況を踏まえ、本書では東京で直下地震が発生した際に生じる損失について検討しました。本書の構成は以下の通りです。

第1章では、世界の中でいかに日本が自然災害に対して抱えるリスクが高い国であるのかを概述しました。自然災害の中でも、日本においては特に地震に対するリスクが高く、これまで人的損失及び経済損失が膨大であったことを説明します。その上で、東京が世界の大都市の中で最も自然災害に対するリスクが高いことを示します。

第2章では、自然災害が発生した際に生じる様々な被害や損失について概述しました。自然災害発生による被害は、大きく直接被害と間接被害に大別されます。直接被害は自然災害によって直接もたらされる被害で、人的被害と物的被害があります。人的被害は、死亡、行方不明、負傷など人に及ぼす被害を指し、物的被害は、建物、電気、水道、ガス、通信施設などのインフラ設備の損傷、破損、倒壊などがあります。間接被害は、直接被害によって被害を受けたことが原因で派生的に発生する被害です。サプライチェーンの分断による生産量の減少、将来不安に起因する消費需要の減少風評被害、などが間接被害の具体例です。

第3章では、首都直下地震が発生した際の直接被害について概述しました。ここでは、東京都と内閣府が行った首都直下地震発生による被害の推計結果を紹介する形で、首都直下地震の直接被害の大きさと影響について解説しました。

第4章では、はじめに地震にともなう経済損失を推計するための方法を紹介しました。その上で推計方法の1つである産業連関表を用いた方法で、首都直下地震発生により工業部門及び商業部門がその他の産業にもたらす間接被害額を推計しました。

　第5章では、人口動態に関するデータを用いて首都直下地震が東京23区の労働者や高齢者にどの程度の影響をおよぼすのかを定量的に明らかにしました。また、地震の揺れや地震発生に伴う火災でどの程度の建物が崩壊し、どの程度の人々が建物喪失の影響を受けるのかについても試算しました。

　第6章では、リスクと防災について考察しました。自然災害の発生時期や規模を完全に予測することは不可能であることを前提に、いかに自然災害発生に伴う被害を最小化するのかについて説明しました。日本がこれまで取り組んできた自然災害に対する防災の枠組を概観した上で、想定外の規模の自然災害にいかに対処したらよいのかについて議論しました。

　本書で行った首都直下地震の損失に関する議論を通じて最も主張したいことは、自然災害発生に伴う被害をゼロにすることは不可能ですが、自然災害に対する社会経済システムのレジリエンス（Resilience、強靱性）を高めることによって、自然災害からの被害を軽減することは可能だということです。

福島淑彦

目次

はじめに 002

1章 日本と自然災害

- 1-1　世界の自然災害 010
- 1-2　日本は地震多発国 017
- 1-3　大都市の自然災害リスク 020
- 1-4　日本の地震 027

2章 自然災害発生による被害と損失

- 2-1　地震の規模と建造物への影響 034
- 2-2　自然災害による様々な被害と損失 036

3章 首都直下地震の直接被害

- 3-1　人への被害 051
- 3-2　建物への被害 051
- 3-3　ライフラインへの被害 054
- 3-4　ライフラインの復旧 057

4章 首都直下地震による経済損失の推計

- 4-1 経済損失の推計方法 ... 062
- 4-2 首都直下地震の直接被害の推計 ... 072
- 4-3 首都直下地震の間接被害の推計 ... 084

5章 首都直下地震の労働者及び生活者への影響

- 5-1 首都直下地震の労働者の生活に与える影響 ... 102
- 5-2 首都直下地震の高齢者の生活に与える影響 ... 105
- 5-3 建物喪失に伴う人的被害の推計 ... 107

6章 リスクと防災

- 6-1 「リスク(Risk)」「不確実性(Uncertainty)」「ハザード(Hazard)」 ... 114
- 6-2 自然災害の被害 ... 117
- 6-3 社会経済システムの脆弱性の克服と強靭化 ... 119
- 6-4 想定外の自然災害 ... 121
- 6-5 日本人の危機意識 ... 123

おわりに ... 126

1章

日本と自然災害

1-1　世界の自然災害

　UNISDR（2018）[1]によれば、1998年から2017年の期間で、自然災害による日本の経済損失は、米国、中国についで3番目に大きい3,763億ドルでした。その内、2011年の東日本大震災の経済損失は2,280億ドルでしたが、仮に東日本大震災による経済損失が存在しなかったとしても、同期間の自然災害による日本の経済損失は世界で上位10ヶ国に入っています（図1-1参照）。同期間で世界全体で発生した自然災害の内、発生件数ベースで43％が洪水、台風が28％、地震が8％、熱暑が6％、地滑りが5％、干ばつが5％でした。これらの自然災害によって死亡した人の割合は、地震が56％（約75万人）、台風が17％（約23万人）、熱暑が13％（約17万人）、洪水が11％（約14万人）でした。また、経済損失ベースですと、総経済損失の46％（1兆3,300億ドル）が台風、地震が23％（6,610億ドル）、洪水が23％（6,560億ドル）であり、1998年から2017年の自然災害による経済損失の9割以上が台風、地震、洪水によるものでした。このように見てみると、地震は発生回数そのものは他の自然災害を比較して多くはないものの、地震による経済的損失と人的被害が甚大であることがわかります。

　自然災害に関する国のリスクの指標に「World Risk Index」があります。World Risk Indexはシュトゥットガルト大学（Universität Stuttgart）の地域開発計画研究所（Institut für Raumordnung und Entwicklungsplanung）のBirkmann教授とWelle博士によって開発された指標です。2011年以降、世界170ヶ国以上を対象に「World Risk Report」としてまとめられ、1年に一度発表されています。World Risk Indexは、地震、台風、洪水、干ばつ・猛暑、海面上昇の5つの自然災害が発生した際に国全体としてどの程度のリスクが存在するのかを示す指標です。World Risk Indexは大きく2つの要素から算出されています。1つ目の要素は、自然災害のリスクに直面している人口割合です。2つ目の要素は、「自然災害発生に対する脆弱性」です。さらに「自然災害発生に対する脆弱性」は、(i) 災害発生時の耐性力（Susceptibility）、(ii) 自然災害が発生した際の対応能力（Coping Capability）、(iii) 環境の変化への順応・対応力（Adaptive Capability）、の3つの側面についてそれぞれ指標を設定して算出し、これら3つの指標を合わせて各国の「自然災害発生に対する脆弱性」を算出しています。つまり、「自然災害のリスク

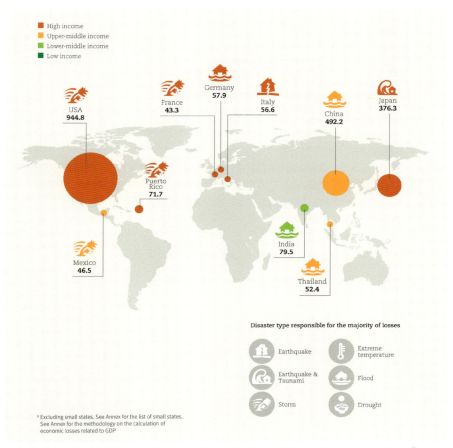

図1-1　自然災害による経済損失を被った世界の上位10ケ国（1998-2017年の累計額）[1]

に直面している人口割合」を基礎に、(i) 災害発生時の耐性力（Susceptibility）、(ii) 自然災害が発生した際の対応能力（Coping Capability）、(iii) 環境の変化への順応・対応力（Adaptive Capability）からなる「自然災害発生に対する脆弱性」を加味して、World Risk Indexが算出されています。World Risk Indexは自然災害が発生した際にどの程度、その国の国民が影響を受けるかという指標であり、World Risk Indexの値が小さければ小さいほど自然災害発生時に影響を受ける人たちが少ないことを意味しています。

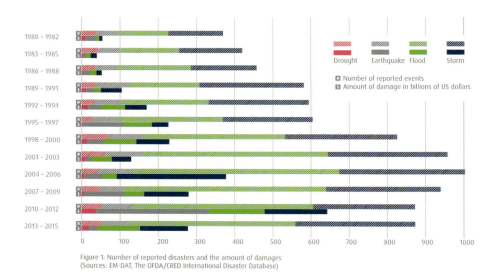

Figure 1: Number of reported disasters and the amount of damages
(Sources: EM-DAT, The OFDA/CRED International Disaster Database)

図1-2　世界の自然災害発生件数の推移（1980年から2015年）[2]

　World Risk Report（2016）[2]によれば、1980年以降、自然災害の発生件数は増加傾向にあります。図1-2はWorld Risk Report（2016）から抜粋した自然災害発生件数の推移の図です。図1-2から明らかなように、1980年以降、世界の自然災害の発生件数は増加していています。しかし図1-2が示しているように、地震の発生件数は1980年以降劇的には増加していません。その一方で地球温暖化の影響で、洪水と台風の発生件数は急激に増加し続けています。ただ、図1-2から明らかなように、自然災害による被害額は2012年をピークに減少傾向にあります。つまり、このことは自然災害一件当たりの被害額が減少していることを意味しています。これは自然災害に対する予知と災害発生時の防災の仕組みが年々より効果的に機能してきていることの表れだと思います。

　図1-3は世界各国のWorld Risk Indexの分布状況を図示したものです。環太平洋地域、オセアニア諸国、アフリカ諸国がWorld Risk Indexの値が高い自然災害に対して危険な状況にある国々であることを図1-3は示しています。それぞれの地域で、World Risk Indexの値が高い理由は異なります。先にも記しま

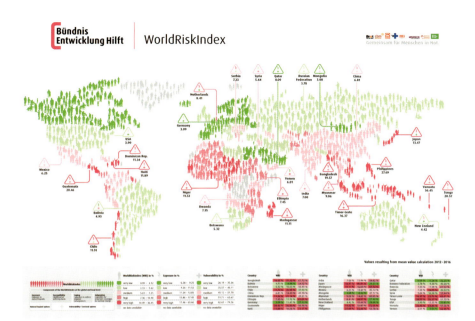

図1-3 世界各国のWorld Risk Indexの分布状況(2016年)[3]

したが、World Risk Indexは「自然災害のリスクに直面している人口割合」と「自然災害発生に対する脆弱性」の2つの要素から算出されています。環太平洋諸国とオセアニア諸国は1つ目の要素である「自然災害のリスクに直面している人口割合」が高い水準であるために、World Risk Indexの値が高い結果となっています。環太平洋諸国とオセアニア諸国は地震が多発する地域であることが、「自然災害のリスクに直面している人口割合」の値が高い水準となっている理由です。地球の表面を覆う複数のプレート同士の境目であるプレート境界でプレート同士が接触し歪みが発生するのですが、その歪みが解消されることで地震は発生します。「自然災害のリスクに直面している人口割合」が高い水準にある環太平洋諸国とオセアニア諸国は、地理的にプレート境界に近いため地震が頻発しています。そのため、「自然災害のリスクに直面している人口割合」が高い水準となり、World Risk Indexの値が高い結果となっています。図1-4はプレート境界とマグニチュード6以上の大きな地震の発生状況を図示したものです。図1-4の赤い円の部分の国々は「自然災害のリスクに

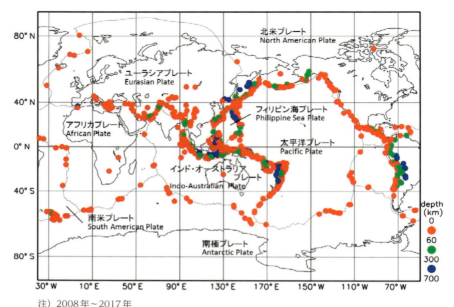

注）2008年～2017年
出典：アメリカ地質調査所の震源データより気象庁作成

図1-4　世界のマグニチュード6以上の震源分布とプレート境界[4]

直面している人口割合」が高い水準の国々です。図1-4から明らかなように、地震の発生する地域は異なるプレートが接触する部分、プレート間の境目であるプレートの境界であることがわかります。また、特に環太平洋地域の太平洋プレートを囲む地域で大きな地震が多発していることを図1-4は示しています。

図1-5は、国連人道問題調整事務所（UN Office for the Coordination of Humanitarian Affairs: OCHA）が作成したアジア太平洋地域の地震リスクをより詳細に表記したハザードマップです。図1-5が示しているように日本はアジア太平洋地域の中でも最も地震のリスクの高い国です。日本の中でも太平洋側の地域が特に地震のリスクが高いことを図1-5は示しています。

環太平洋地域、オセアニア諸国以外でWorld Risk Indexの値の高い地域であるアフリカ諸国は、World Risk Indexの第1番目の構成要素である「自然災害のリスクに直面している人口割合」は高い水準ではありません。しかし、第

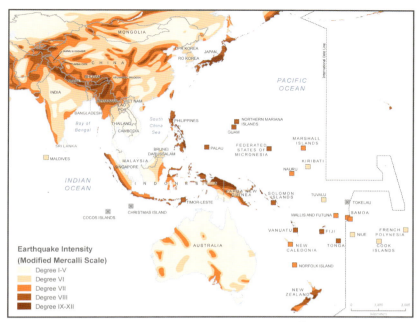

図1-5　アジア太平洋地域の地震リスク[5]

　2番目の構成要素である「自然災害発生に対する脆弱性」の水準が高いため、World Risk Indexが高い値となっています。アフリカ諸国は、「自然災害発生に対する脆弱性」を構成する3つの要素の中でも特に「自然災害が発生した際の対応能力（Coping Capability）」が世界で最も低い水準にあるため、結果としてWorld Risk Indexの値が高くなっています。図1-4が示しているように、アフリカ諸国は環太平洋諸国やオセアニア諸国とは異なり、地震のリスクにはそれほど晒されていません。そのかわりに、アフリカ諸国は環太平洋諸国とオセアニア諸国と比べて圧倒的に干ばつや猛暑といったリスクに晒されています。しかし、本節の冒頭でも記したように、自然災害の中で最も死亡者数が多いのは地震です。

　直近のWorld Risk Report（2018）[6]によれば、日本のWorld Risk Indexは172ヶ国中29位でしたが、2012年から2017年の間の日本のWorld Risk Indexのランキングは、15位から17位の間でした。つまり、日本は世界170ヶ国以上の中で

も自然災害に対して抱えるリスクが高い国のひとつなのです。一人当たり国内総生産（GDP）が世界上位20位以内の国の中で日本は圧倒的に自然災害に対して抱えるリスクが高い国です。World Risk Indexで日本よりも危険であるとランキングされた（ている）OECD諸国は存在しません。これは日本の国土が太平洋プレートに沿っているため、常に地震のリスクを日本が抱えていることが大きな原因です。ちなみに、World Risk Indexが発表された2011年以降、World Risk Indexの上位3ヶ国はバヌアツ、トンガ、フィリピンです。つまり、2011年以降、これら3ヶ国は自然災害に対して最もリスクの高い国であり続けているのです。

　World Risk Indexの構成要素である「自然災害のリスクに直面している人口割合」の2017年の日本の値は172ヶ国中5番目に高いものでした。World Risk Indexが発表された2011年以降、日本の自然災害のリスクに直面している人口割合は、常に世界170ヶ国以上の国の中で4番目から5番目に高い水準でした。ただ、「自然災害のリスクに直面している人口割合」と「自然災害発生に対する脆弱性」を掛け合わせた2018年の日本のWorld Risk Indexのランキングは29位でした。つまり、災害発生時の耐性力（Susceptibility）、自然災害が発生した際の対応能力（Coping Capability）、環境の変化への順応・対応力（Adaptive Capability）に関して、日本は自然災害のリスクを軽減するような状況にあるということです。しかし、日本が自然災害に対して危険な状況にあることには変わりはありません。

　日本のWorld Risk Indexの値が高い水準にあるのは、自然災害のリスクそのものが非常に高いためです。World Risk Reportによれば、自然災害発生に対する脆弱性を克服するために、強固なインフラ、安定的な食糧供給システム、機能的な医療システムを充実させることによって「自然災害発生に対する脆弱性」を改善させることは可能です。しかし、そもそも日本のように直面している自然災害のリスクが非常に高い場合には、自然災害に対していかなる予防・防止策を講じても自然災害による被害を完全に取り除くことはできません。日本のWorld Risk Indexが高い水準であり続けていることが、このことを裏付けています。

　図1-3より明らかなように、西ヨーロッパ諸国はWorld Risk Indexの値は低

い国々です。これらの国々はそもそも自然災害に対するリスクが小さいため、「自然災害のリスクに直面している人口割合」が低い水準にあります。それに加えて、自然災害発生に対する国の防災システムが盤石であるため、World Risk Indexの値は低い水準となっています。World Risk Indexの「自然災害発生に対する脆弱性」の構成要素の内でも、西ヨーロッパ諸国の災害発生時の耐性力（Susceptibility）と自然災害が発生した際の対応能力（Coping Capability）は日本のそれよりも高い水準にあります。西ヨーロッパ諸国の中でも、特に北欧諸国は災害発生時の耐性力（Susceptibility）と自然災害が発生した際の対応能力（Coping Capability）が高い水準にあります。直近2017年の北欧諸国のWorld Risk Indexのランキングは、172ヶ国中デンマーク151位、ノルウェー159位、スウェーデン163位、フィンランド165位でした。

1-2　日本は地震多発国

　日本は世界の中でも地震が発生する頻度が非常に高い国です。平成26年の防災白書によれば、日本の国土面積は全世界の約0.25％に過ぎないにもかかわらず、世界で発生するマグニチュード6以上の地震の約2割が日本周辺で発生しており、世界の活火山の1割弱が日本に存在しています。また、気象庁（2018）[7]によれば、日本で発生した震度1以上の地震は2017年には2,025回、2016年には6,587回ありました。これは震度1以上の地震が2017年には1日当たり5.5回、2016年では1日当たり18回も発生していることを意味しています。その内、最大震度4以上を観測した地震は2017年で40回、2016年で192回観測されています。日本で発生したマグニチュード6.0以上の地震は2017年が9回、2016年が27回でした。1925年からの92年間の期間で、マグニチュード6.0以上の地震の発生回数の中央値は16回でした。つまり、2017年におけるマグニチュード6.0以上の地震発生回数はかなり少なく、その発生回数は下位10％相当する発生回数でした。

　日本で地震が多発するのは、ユーラシアプレートと北米プレートという2つの陸のプレート、それに加えてフィリピン海プレートと太平洋プレートという2つの海洋プレートが日本列島の周辺で接触しているためです。図1-6は日

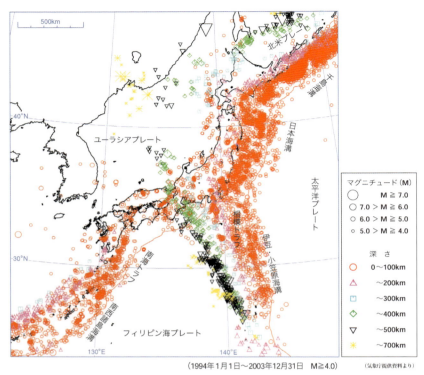

(1994年1月1日〜2003年12月31日　M≧4.0)　　（気象庁提供資料より）

図1-6　日本とその周辺の震央分布[8]

本列島周辺のプレート、海溝、トラフ＊を記した地図上に1994年から2003年の間で発生した地震の震源を地震の規模別に図示したものです。図1-6から明らかなように、太平洋側には海溝やトラフが密集しています。図1-6には、これらの海溝やトラフで海洋プレートが沈み込んだ結果、地震が発生している（海洋プレートに沿って地震が発生している）様子がはっきり現れています。日本列島に近づくほど、海洋プレートの沈み込みは深くなり、その結果、地震の震源が深くなり地震の規模も大きいものとなります。

＊トラフ(Trough)は深さが6,000mよりも浅い細長い海底盆地のことをいい、深さが6,000mを超えるものを海溝(Trench)と呼びます。

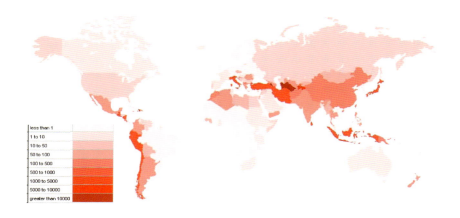

Fig. 11. Number of deaths for each country as a proportion of millions of population at the time of disaster integrated from 1900 to 2010. CATDAT v4.12, Daniell, 2010a.

図1-7　累積死亡者数(対人口比)(1990年-2010年)[9]

　図1-7は、1つの地震で人口100万に対して何人が死亡したかのかを算出し、それを1990年から2010年の期間で発生したすべての地震で累計し図示したものです。赤色が濃くなればなるほど、地震によって死亡した人の累積人数が多いことを示してます。図1-7から明らかなように、日本は世界の中でも地震によって死亡する人たちが多い国の1つです。図1-7は人口100万人当たりの地震による死亡者数の累積数ですが、死亡者の絶対数でみた場合でも日本は地震による死亡者数が世界でも最も多い国の1つです。日本以外で地震による死亡者の絶対数が多い国には、中国、ハイチ、インドネシア、イラン、トルクメニスタンなどがあります。

　図1-8は、地震発生に伴って生じた経済損失（GDP比）を1990年から2010年の期間のすべての地震で累計し図示したものです。GDP比の経済損失は、地震によって生じた経済損失が国全体の経済活動にどの程度の影響を及ぼすのかを示しています。青色が濃くなればなるほど、地震によって生じた経済損失の累積額が大きいことを示しています。図1-8から明らかなように、日本は世界の中でも地震による経済損失が最も多い国の1つです。GDP比の経済損失が大きいということは、地震による経済損失が国全体に与えるインパクトが

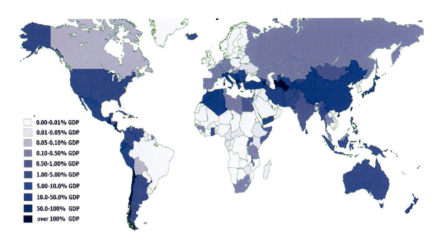

Fig. 14. Economic Losses for each country as a proportion of GDP (PPP) in at the time of disaster cumulative from 1900 to 2010 (Daniell,

図1-8　累積経済損失(対GDP比)(1990年-2010年)[9]

大きいことを意味しています。日本以外の国で地震による経済損失の累計が大きかったのは、アルメニア、トルクメニスタン、ハイチ、ニカラグア、チリなどの国々です。

1-3　大都市の自然災害リスク

　Gu et. al. (2015)[10] は、2014年7月1日時点で人口30万人以上の世界の1,692都市を対象に、自然災害に対するリスクがどの程度高いのかを分析しています。具体的には、地震、台風、洪水、山崩れ・地滑り、干ばつ、火山噴火の6種類の自然災害に伴うリスクと自然災害が発生した際の都市の脆弱性について検証しています。ここでの脆弱性とは、自然災害の発生に際して、どの程度人的被害（死者数）及び経済的被害（損害）が生じうるかということで分析を行っています。具体的には、自然災害が発生するリスクの程度、自然災害発生による人的被害の程度、自然災害発生による経済損失の程度、の3つの観点から、人口30万人以上の世界の1,692都市について分析しています。その分析結果をまとめたものが表1-1です。

表1-1 6種類の自然災害発生リスクと都市の脆弱性[10]

TABLE 1. DISTRIBUTION OF RISKS OF EXPOSURE AND VULNERABILITY TO THE SIX TYPES OF NATURAL DISASTER FOR MAJOR CITIES AND THEIR POPULATIONS

Risk of the six types of natural disaster	Exposure risk		Mortality vulnerability		Economic vulnerability	
	City populations	Number of cities	City populations	Number of cities	City populations	Number of cities
City populations (millions) and number of cities						
Total *	2,202	1,692	2,202	1,692	2,202	1,692
No risk	86	93	161	173	99	108
Low risk only	308	290	25	22	9	18
Moderate risk or low risk	444	365	79	102	41	66
High risk of 1 type of disaster	858	695	802	726	568	513
High risk of 2 types of disaster	405	222	842	551	869	651
High risk of 3+ types of disaster	101	27	293	118	616	336
High risk of 1+ type of disaster [a]	1,363	944	1,936	1,395	2,053	1,500
Percentage distribution						
Total	100.0	100.0	100.0	100.0	100.0	100.0
% No risk	3.9	5.5	7.3	10.2	4.5	6.4
% Low risk only	14.0	17.1	1.1	1.3	0.4	1.1
% Moderate risk or low risk	20.2	21.6	3.6	6.0	1.9	3.9
% High risk of 1 type of disaster	39.0	41.1	36.4	42.9	25.8	30.3
% High risk of 2 types of disaster	18.4	13.1	38.2	32.6	39.5	38.5
% High risk of 3+ types of disaster	4.6	1.6	13.3	7.0	28.0	19.9
% High risk of 1+ type of disaster	61.9	55.8	88.0	82.4	93.2	88.7

NOTE: (1) City populations refer to those with 300,000 inhabitants or more on 1 July 2014. (2) Six types of natural disaster include cyclones, droughts, earthquakes, floods, landslides, and volcano eruptions.(3) * the summation of each category does not necessary equal to total or subtotal due to rounding.

　はじめに、自然災害が発生するリスクについてですが、1,692都市の56％に当たる944都市（High Riskと分類された都市数）が6種類の自然災害の内、少なくとも1つ以上の自然災害が発生するリスクのある都市であることを表1-1は示しています。人口ベースですと、総都市居住者の62％がHigh Riskとされた自然災害が発生するリスクのある都市に居住しています。特に3種類以上の自然災害に見舞われるリスクが高い都市が27都市存在し、そこには総都市居住者の4.6％に相当する1億100万人が住んでいます。その内、最も人口が多いのが、東京、次いで大阪、3番目に人口が多いのがマニラでした。東京、大阪、マニラとも、地震、台風、洪水、山崩れ・地滑りの4種類の自然災害発生のリスクが高いのですが、マニラにはさらに火山噴火のリスクが加わります。世界の都市の人口規模と自然災害発生のリスクの分布状況を世界地図上にプロットしたものが図1-9です。地震だけの発生リスクと都市の人口規模の分布状況を世界地図上に図示したものが図1-10です。図1-4でも確認したように、人的被

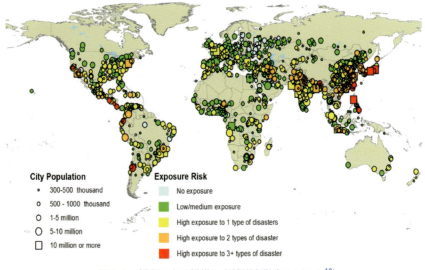

図1-9　都市の人口規模と自然災害発生のリスク[10]

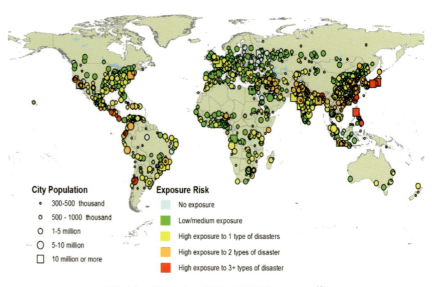

図1-10　都市の人口規模と地震発生のリスク[10]

害を伴う地震発生のリスクの大きい都市は、環太平洋沿いに集中していることを図1-10は示しています。図1-9と図1-10を比較して分かるように、台風、洪水、山崩れ・地滑り、干ばつ、火山噴火の地震以外の自然災害のリスクがある都市と地震発生のリスクがある都市がかなり重複していることがわかります。

次に自然災害発生による人的被害についてですが、表1-1の自然災害発生リスクが高い都市数と自然災害が発生した場合の人的被害が大きい都市数を比較すると、自然災害が発生した場合に大きな人的被害が発生する都市数の方が自然災害発生リスクが高い都市数よりも多いことがわかります。このことは、自然災害の発生リスクが低いからといって、自然災害の発生による人的被害や経済的被害が小さいというわけではないということを意味しています。表1-1から、1,692都市の82％に当たる1,395都市（High Riskと分類された都市数）が6種類の自然災害の内、少なくとも1つ以上の自然災害で死亡者のでる人的被害のリスクがあることがわかります。言い換えれば、1,395都市に住む19.4億人、つまり全1,692都市に住む全都市人口の88％の人が何らかの人的被害を伴う自然災害の危険にさらされているということです。逆に言えば、1,692都市の約1割の173都市に居住する人々のみが人的被害を伴う自然災害のリスクにさらされていないのです。人的被害を伴う自然災害のリスクにさらされている都市の中でも特に危険度が高い都市は118都市存在し、その内の12都市が人口500万人を超す大都市です。自然災害により重大な人的被害が生じうる人口が最も大きな都市は東京です。東京は、地震、台風、洪水、山崩れ・地滑りの4種類の自然災害の発生リスクが高く、自然災害が発生した際の人的被害（死者数）が最も大きい都市です。自然災害発生時の人的被害の可能性が大きい大都市の上位12都市の中に、日本の東京、大阪、名古屋の3都市が入っています。図1-11は都市の人口規模と自然災害発生による人的被害の規模の分布状況を世界地図上にプロットしたものです。さらに図1-12は、地震発生による人的被害の規模と都市の人口規模の分布状況を世界地図上にプロットしたものです。図1-12からも明らかなように、人的被害を伴う地震発生のリスクが大きい大都市は、環太平洋沿いの大都市であることがわかります。

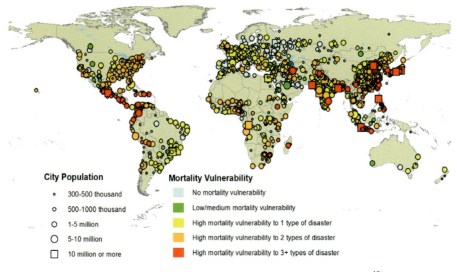

図1-11　都市の人口規模と自然災害発生による人的被害の規模[10]

　最後に自然災害発生による経済損失についてですが、表1-1の自然災害発生リスクが高い都市数と自然災害が発生した場合の経済的損失を比較すると、自然災害発生リスクが高い都市数よりも、自然災害が発生した場合に大きな経済的損失が発生する都市数の方が多いことがわかります。つまり、自然災害の発生リスクが低いからといって、自然災害の発生によって生じる経済的損失が小さいというわけではないということです。表1-1は1,692都市の93％に当たる1,500都市、人口21億人（1,692都市の総人口の93％以上）が少なくとも1つ以上の自然災害発生のリスクに直面していて、さらに自然災害が発生した際に深刻な経済的被害を被る可能性があることを示しています。1,692都市の6％の108都市のみが経済的損失を伴う自然災害のリスクに晒されていないのです。経済的損失を伴う自然災害のリスクに晒されている都市の中でも特に危険度が高い都市は336都市存在し、その内の12都市が人口1,000万人を超す大都市でした。この中には、東京と大阪が含まれています。図1-13は都市の人口規模と自然災害発生による経済的損失の規模の分布状況を世界地図上にプロットしたものです。さらに図1-14は、地震発生による経済的損失と都市の人口

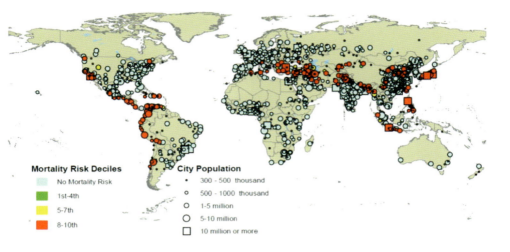

図1-12　都市の人口規模と地震発生による人的被害の規模[10]

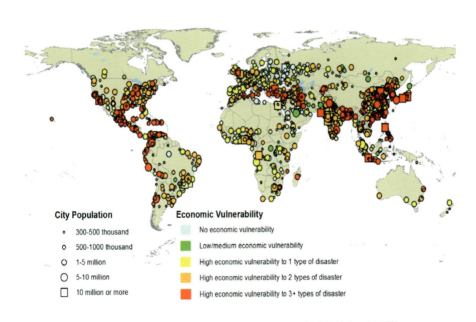

図1-13　都市の人口規模と自然災害発生による経済的被害の規模[10]

1章　日本と自然災害

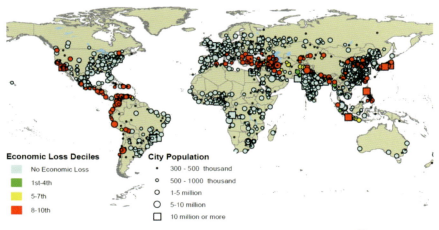

図1-14　都市の人口規模と地震発生による経済的被害の規模[10]

規模の分布状況を世界地図上にプロットしたものです。図1-14からも明らかなように、経済損失が発生する地震のリスクが大きい大都市は、環太平洋沿いの大都市であることがわかります。

　第二次世界大戦以降、都市に居住する人たちは増加の一途をたどっています。このことは、自然災害が発生するリスクが高い都市に住む人が増え続けていることを意味しています。図1-15は、自然災害発生リスクに直面する都市に居住する人たちが過去64年間で急増していることを示しています。自然災害発生のリスクが高い都市に居住する人が、1950年には2億3,900万人であったのが、2014年には13億6,300万人へと5.7倍増加しています。また、自然災害により死者が発生する可能性が高い都市に住んでいる人口も、1954年の3億5,800万人から2014年の19億3,700億人へと5.4倍増加しています。自然災害により膨大な経済損失が発生する可能性が高い都市に住んでいる人口も、1954年の3億8,200万人から2014年の20億5,300億人へと5.4倍増加しました。

　2014年時点で、1,692都市の中で最も人口密度が高かったのが東京、2番目がデリー、3番目が上海、4番目がメキシコ・シティ、5番目がサンパウロでした。東京は、地震、台風、洪水、山崩れ・地滑りの4種類の自然災害の発生リスクが非常に高く、これらの災害が発生した際には人的被害と経済的損失が

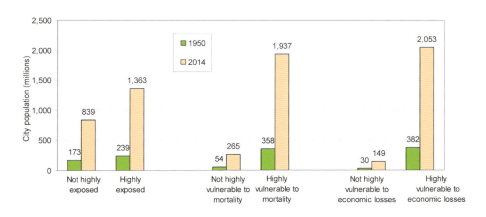

図1-15　自然災害リスクに直面する都市居住者の増加[10]

非常に大きくなる可能が高い都市です。他の4都市も発生し得る自然災害は異なりますが、人口密度が高いために自然災害が発生した際には人的被害と経済的損失が非常に膨大になる可能が高い都市です。

1-4　日本の地震

　日本では、明治以降、死者不明者数が100人を超える地震は20回以上発生しています。表1-2は、明治（1968年）以降に発生した大規模地震を死者不明者数順に並び替えて整理したものです。表1-2から明らかように、1968年以降、死者不明者が100名以上を超える大規模地震は21回発生しており、平均すると7年に一度、100名以上を超える大規模地震が発生していることになります。また、表1-2にまとめた23回の地震の内、死者不明者の主たる被害原因の約65％が地震による振動（揺れ）、津波が死者不明者の主たる被害原因であったものが約30％、火災が死者不明者の主たる被害原因となったのは関東大震災の1回のみでした。

　日本で発生した過去の地震は、地震の発生メカニズムによって2つのタイプに分類することができます。1つ目のタイプは内陸直下で発生する地震（内陸

表1-2 明治以降（1868年～）の大規模地震（死者不明者数順）[11]

	発生日			地震名	場所	規模(M)	死者不明者数	全壊全焼流失家屋数	主被害要因
	年	月	日						
1	1923	9	1	関東大震災	関東	7.9	105,385	293,387	火災
2	2011	3	11	東日本大震災	東北	9.0	22,233	121,781	津波
3	1896	10	28	三陸地震	東北（三陸）	8.0	21,959	8,891	津波
4	1891	10	28	濃尾地震	東海	8.0	7,273	39,342	震動
5	1995	1	17	阪神・淡路大震災	関西	7.3	6,437	104,906	震動
6	1948	6	28	福井地震	福井	7.1	3,769	39,342	震動
7	1933	3	3	昭和三陸地震	東北	8.1	3,064	4,035	津波
8	1927	3	7	北丹波地震	関西	7.3	2,912	11,608	震動
9	1945	1	13	三河地震	三河	6.8	1,961	7,221	震動
10	1946	12	21	南海地震	和歌山	8.0	1,443	15,640	津波
11	1944	12	7	東南海地震	三重	7.9	1,183	20,476	津波
12	1943	9	10	鳥取地震	鳥取	7.2	1,083	7,736	震動
13	1894	10	22	庄内地震	山形	7.0	726	6,006	震動
14	1972	3	14	浜田地震	島根	7.1	555	4,762	震動
15	1925	5	23	北但馬地震	兵庫	6.8	428	3,475	震動
16	2016	4	16	熊本地震	熊本	7.3	272	8,668	震動
17	1930	11	26	北伊豆地震	静岡	7.3	272	2,165	震動
18	1993	7	12	北海道南西沖地震	北海道	7.8	230	601	津波
19	1896	8	31	陸羽地震	東北	7.2	209	5,792	震動
20	1960	5	23	チリ地震	東北（三陸）	9.5	142	2,830	津波
21	1983	5	26	日本海中部地震	秋田沖	7.7	104	1,584	震動
22	1914	3	15	秋田仙北地震	秋田	7.1	94	640	震動
23	2004	10	23	新潟中越地震	新潟	6.8	68	3,175	震動

直下型地震)、2つ目のタイプは海溝沿いで発生する地震（海溝型地震）です。1つ目のタイプの地震は、大きな被害が出る地域は震源の近くのエリアに限られるのが一般的です。近年ですと1995年の阪神・淡路大震災、2004年の新潟中越地震がこのタイプの地震です。2つ目のタイプの地震は、海溝沿いで発生する地震で、地震の規模がマグニチュード8以上とその規模が大きく被害の範囲も広範囲に及ぶのが一般的です。2つ目のタイプの地震が津波を発生させる可能性があるのに対して、1つ目のタイプの地震は津波発生の可能性はありません。関東大震災は相模トラフと呼ばれる海溝に沿って発生した2番目のタイプの地震です。しかし、相模トラフが伊豆半島の下に大きく潜り込んでいて震源断層が陸地の直下に広がっていたため、関東大震災は1つ目のタイプの地震の要素も兼ね備えていました。一方、東日本大震災は日本海溝と呼ばれる北アメリカプレートと太平洋プレートの境界で発生した地震です。

　日本で発生した地震で最も大きな被害をもたらしのは、1923年9月1日に発生した関東大震災です。これは相模湾北部を震源とする海溝型の巨大地震で、死者不明者数が10万人を超え、全壊ないし全焼してしまった家屋は30万以上にのぼりました。2番目に大きな被害をもたらしたのは、2011年の東日本大震災です。東日本大震災も関東大震災と同様の海溝型の巨大地震です。東日本大震災の震源は三陸沖で、死者数は22,000人を超え、全壊してしまった家屋は12万戸以上でした。東日本大震災の規模はマグニチュード9.0を記録し、その地震の規模は日本観測史上最大でした。東日本大震災の規模は1900年以降世界で発生した地震の中でも4番目に大きな超巨大地震でした。

　地震の被害は大きく4つに分類することができます。つまり、(i) 震動による建物の被害、(ii) 火災による被害、(iii) 土砂災害と地盤災害による被害、(iv) 津波による被害、の4種類です。地震のタイプが同じ海溝型地震である関東大震災と東日本大震災では、被害をもたらした主たる原因が異なります。関東大震災が主に火災が被害をもたらした主たる原因（火災による被害）であったのに対して、東日本大震災は津波が被害の主たる原因（津波による被害）でした。関東大震災では、火災による死者不明者が9万人以上おり、これは全死亡不明者の9割近くを占めています。一方、東日本大震災の犠牲者の9割以上は、津波による溺死が原因で死亡しました[12]。内陸直下型地震である1995年の阪神・

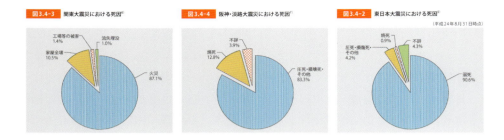

図1-16 日本の大規模地震の犠牲者の死因の比較[12]

淡路大震災の犠牲者の8割強の死因は、いわゆる、震動による建物の崩壊に伴う圧死・損壊死でした（以上、図1-16）。また東日本大震災はこれまでの地震では発生していなかった原子力による二次災害（被害）も発生しています。

参考文献・引用文献

1) United Nations International Office for Disaster Risk Reduction (UNISDR), Economic Losses, Poverty & Disasters 1998-2017, Geneva, Switzerland: UNISDR, 2018. https://www.unisdr.org/2016/iddr/CRED_Economic%20Losses_10oct_final.pdf
2) Birkmann, J. and T. Welle, WorldRiskReport2018, Bündnis Entwicklung Hilft, 2016.
3) Birkmann, J. and T. Welle, WorldRiskReport2018, Bündnis Entwicklung Hilft, 2017.
4) 内閣府「平成30年度　防災白書」2018。http://www.bousai.go.jp/kaigirep/hakusho/h30.html
5) UN Office for the Coordination of Humanitarian Affairsのホームページから抜粋。https://reliefweb.int/map/american-samoa/asia-pacific-regional-hazard-map-earthquake-risk-modified-mercalli-scale
6) Birkmann, J. and T. Welle, WorldRiskReport2018, Bündnis Entwicklung Hilft, 2018.
7) 気象庁「平成29年（2017年）の日本の地震活動」2018。https://www.jma.go.jp/jma/press/1801/12a/1712jishin2017.pdf
8) 文部科学省「地球の発生メカニズムを探る」2013。https://www.jishin.go.jp/main/pamphlet/eq_mech/eq_mecha.pdf
9) Daniell, J. E., B. Khazai, F. Wenzel, and A. Vervaeck, The CATDAT damaging earthquakes database, *Natural hazards and earth system sciences* August 2011, 2011.
10) Gu., D. P. Gerland, F. Pelletier and B. Cohen, Risks of Exposure and Vulnerability to Natural Disasters at the City Level: A Global Overview, Technical Paper No.2015/2, United Nations, 2015.
11) 気象庁「過去の地震被害」(https://www.data.jma.go.jp/svd/eqev/data/higai/)、武村雅之『関東大震災・大東京圏の揺れを知る』鹿島出版会、2003,「平成30年度　防災白書」をもとに筆者作成。
12) 消防庁「東日本大震災記録集」2013。http://www.fdma.go.jp/concern/publication/higashinihondaishinsai_kirokushu/

2章

自然災害発生による被害と損失

2-1　地震の規模と建造物への影響

1　マグニチュードと震度

　マグニチュードは地震の規模（エネルギー量）を示す指標、言い換えると地震そのもの大きさを示す指標です。マグニチュードの測定は地震計の最大振幅などを用いて計算します。地震は地下の岩盤が、断層面を境にして急にずれることによって地震が発生しますが、既存の断層を動かしたり、新たな断層を作る動きを断層運動と呼びます。この断層運動によって放出されるエネルギーの大小を表しているのがマグニチュードという指標です。断層運動の結果、放出されるエネルギーが大きくなれば、マグニチュードの値も大きくなります。マグニチュードが「1」増えれば、地震波のエネルギーは約30倍、マグニチュードが「2」増えると約1,000倍になります。言い換えると、マグニチュード8の地震は、マグニチュード6の地震が1,000回発生するのと同じエネルギーがあるということです。図2-1はマグニチュードと地震エネルギーの関係を図示したものです。地震のエネルギーとマグニチュードの関係は指数的な関係になっています。

　それに対して、震度は、地震によるある場所での揺れの程度を表す指標です。従って、同じ地震でも震源からの距離や地下の地盤の相違によって震度は異なります。言い換えると、1つの地震でその規模を表すマグニチュードの値は1つしか存在しません。しかし、地震によって揺れ（震度）が観測される場所は無数に存在しますので、震度は1つではありません。日本では、気象庁が震度を「震度0」「震度1」「震度2」「震度3」「震度4」「震度5弱」「震度5強」「震度6弱」「震度6強」「震度7」の10階級に分類しています。気象庁がまとめている震度階級毎の「人の体感・行動」、「屋内の状況」、「屋外の状況」は表2-1に示す通りです。地震動の振幅（揺れの大きさ）、周期（揺れが繰り返す時の1回あたりの時間の長さ）や継続時間、建物や構造物の状態、地盤の状況が異なるので、震度が同じであっても地震による被害は異なります。気象庁によれば、ある震度が観測された際に発生する被害の中で、比較的多く見られるものを表2-1にまとめているとしています。表2-1が示すように、震度6弱を超えると、耐震性の低い木造建物の中には崩壊するものが出てきます。鉄筋コンクリート

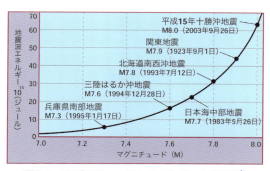

図2-1　マグニチュードとエネルギーとの関係[1]

表2-1　気象庁震度階級関連解説表
（震度階級毎の人の体感・行動、屋内の状況及び屋外の状況）[1]

計測震度	震度階級	人間	屋内の状況	屋外の状況	木造建物	鉄筋コンクリート造建物	ライフライン	地盤・斜面
-0.5	0	人は揺れを感じない。						
-1.5	1	屋内にいる人の一部が、わずかな揺れを感じる。						
-2.5	2	屋内にいる人の多くが、揺れを感じる。眠っている人の一部が、目を覚ます。	電灯などのつり下げ物が、わずかに揺れる。					
-3.5	3	屋内にいる人のほとんどが、揺れを感じる。恐怖感を覚える人もいる。	棚にある食器類が、音を立てることがある。	電線が少し揺れる。				
-4.5	4	かなりの恐怖感があり、一部の人は、身の安全を図ろうとする。眠っている人のほとんどが、目を覚ます。	つり下げ物は大きく揺れ、棚にある食器類は音を立てる。座りの悪い置物が、倒れることがある。	電線が大きく揺れる。歩いている人も揺れを感じる。自動車を運転していて、揺れに気付く人がいる。				
	5弱	多くの人が、身の安全を図ろうとする。一部の人は、行動に支障を感じる。	つり下げ物は激しく揺れ、棚にある食器類、書棚の本が落ちることがある。座りの悪い置物の多くが倒れ、家具が移動することがある。	窓ガラスが割れて落ちることがある。電柱が揺れるのがわかる。補強されていないブロック塀が崩れることがある。道路に被害が生じることがある。	耐震性の低い住宅では、壁や柱が破損するものがある。	耐震性の低い建物では、壁などに亀裂が生じるものがある。	安全装置が作動し、ガスが遮断される家庭がある。まれに水道管の被害が発生し、断水することがある。[停電する家庭もある。]	軟弱な地盤で、亀裂が生じることがある。山地で落石、小さな崩壊が生じることがある。
-5.0	5強	非常な恐怖を感じる。多くの人が、行動に支障を感じる。	棚にある食器類、書棚の本の多くが落ちる。テレビが台から落ちることがある。タンスなど重い家具が倒れることがある。変形によりドアが開かなくなることがある。一部の戸が外れる。	補強されていないブロック塀の多くが崩れる。据付けが不十分な自動販売機が倒れることがある。多くの墓石が倒れる。自動車の運転が困難となり、停止する車が多い。	耐震性の低い住宅では、壁や柱がかなり破損したり、傾くものがある。	耐震性の低い建物では、壁、梁（はり）、柱などに大きな亀裂が生じるものがある。耐震性の高い建物でも、壁などに亀裂が生じるものがある。	家庭などにガスを供給するための導管、主要な水道管に被害が発生することがある。[一部の地域でガス、水道の供給が停止することがある。]	
-5.5	6弱	立っていることが困難になる。	固定していない重い家具の多くが移動、転倒する。開かなくなるドアが多い。	かなりの建物で、壁のタイルや窓ガラスが破損、落下する。	耐震性の低い住宅では、倒壊するものがある。耐震性の高い住宅でも、壁や柱が破損するものがある。	耐震性の低い建物では、壁や柱が破壊するものがある。耐震性の高い建物でも、壁、梁（はり）、柱などに亀裂が生じるものがある。	家庭などにガスを供給するための導管、主要な水道管に被害が発生する。[一部の地域でガス、水道の供給が停止し、停電することもある。]	地割れや山崩れなどが発生することがある。
-6.0	6強	立っていることができず、はわないと動くことができない。	固定していない重い家具のほとんどが移動、転倒する。戸が外れて飛ぶことがある。	多くの建物で、壁のタイルや窓ガラスが破損、落下する。補強されていないブロック塀のほとんどが崩れる。	耐震性の低い住宅では、倒壊するものが多い。耐震性の高い住宅でも、壁や柱が破損するものがある。	耐震性の低い建物では、倒壊するものがある。耐震性の高い建物でも、壁や柱が破壊するものがかなりある。	ガスを地域に送るための導管、水道の配水施設に被害が発生することがある。[一部の地域で停電する。広い地域でガス、水道の供給が停止する。]	
-6.5	7	揺れにほんろうされ、自分の意志で行動できない。	ほとんどの家具が大きく移動し、飛ぶものもある。	ほとんどの建物で、壁のタイルや窓ガラスが破損、落下する。補強されているブロック塀も破損するものがある。	耐震性の高い住宅でも、傾いたり、大きく破壊するものがある。	耐震性の高い建物でも、傾いたり、大きく破壊するものがある。	[広い地域で電気、ガス、水道の供給が停止する。]	大きな地割れ、地すべりや山崩れが発生し、地形が変わることもある。

*ライフラインの［　］内の事項は、電気、ガス、水道の供給状況を参考として記載したものである。

注）計測震度とは、その地点における揺れの強さの程度を数値化したもので、震度計により計測されます。一般に発表される震度階級は、計測震度から換算されます。
（気象庁提供）

の建物（非木造建物）についても、震度6強を超えると崩壊するものが出てきます。

2　震度と建物被害率

　建築年次別に地震震度と建物の全壊率との関係を表したのが図2-2です。図2-2は中央防災会議が2013年に取りまとめた「首都直下地震の被害想定と対策について」の最終報告書を作成する際に利用した地震震度と建物の全壊率との関係です。横軸に地震震度、縦軸に建物が全壊してしまう割合（％）を取り、両者の関係を表したものです。図2-2が示すように、震度7（計測震度6.5）を超えると、1971年以前に建てられた木造建物の80％以上は全壊してしまいます。しかし非木造建物については、建設時期が1971年以前であっても、8割以上の建物が全壊せずに残ることを図2-2の被害曲線は示しています。

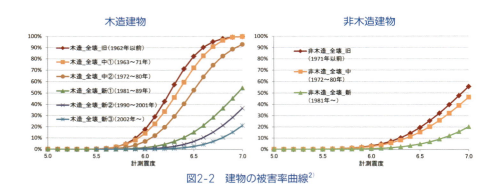

図2-2　建物の被害率曲線[2]

2-2　自然災害による様々な被害と損失

1　有形資産の損失──直接被害と間接被害

　自然災害が発生して生じる様々な被害は、直接被害と間接被害に大別されます。直接被害は自然災害によって直接もたらされる被害で、人的被害と物的被害があります。人的被害は、死亡、行方不明、負傷など人に及ぼす被害を指し、物的被害は、動産や不動産の破損・損傷・喪失を指します。物的被

害の具体的な例として、建物などの民間資本や道路、電気、水道、ガス、通信施設などのインフラ設備の損傷、破損、倒壊などがあります。間接被害は、直接被害によって被害を受けたことが原因で派生的に発生する被害を指します。水道、電気、ガス、通信インフラ、鉄道、道路、港湾、空港などの社会資本（インフラ）に被害が生じた場合、企業が行っている生産活動に影響が及び、生産活動が自然災害前と同じように行えなくなることがあります。また、関係取引先が被災した結果、原材料等が入手困難となり、生産の減少や停止を余儀なくされたり、場合によっては企業が事業の継続を断念せざるを得ないような状況が発生する可能性もあります。さらに、企業が事業継続を断念した結果、そこで働いていた人が職を失い失業者となってしまう可能性があります。また、自然災害に伴う所得の減少や復旧・復興のための費用の増加のため、消費が停滞する可能性も高まります。さらには、被災に伴う人口減少や復旧後の将来に対する不安から消費の停滞を加速させる可能性もあります。このように、直接被害に起因して派生的に発生する被害が間接被害です。

　自然災害により様々な損失が発生する一方で、復興に伴う新たな新規需要も発生します。例えば、自然災害によって被害を被ったインフラや生産設備の復旧・復興のために新たに物資が購入されたり、新規に労働者が雇用されたりします。また、負傷者の発生に伴い医療受診者が増加すれば、医療サービスに対する需要が増加します。これらは社会全体の消費を刺激します。

　自然災害による経済的損失は、自然災害前の社会経済状態と自然災害から復興した後の社会経済状態の差ということになります。しかし、ここで注意しなくてはならないのは、自然災害からの復興後の社会経済状態が、すべての側面で自然災害前の社会経済状態を目指した原状回復ではないということです。自然災害の経験から、復興によって自然災害発生前よりもより強固で効率的なインフラの整備や構築が復興後の社会経済状態として実現されることが一般的です。復興後の状態がそのような状態であるとするならば、復興後の社会経済状況は自然災害前よりも改善したといえるかもしれません。

　自然災害が発生して生じる直接被害は「ストック」に対する被害、間接被害は「フロー」に対する被害ととらえることができます。「ストック」とはある時点までの経済活動の結果として蓄積された財のことです。具体的には、自

然災害による被害という観点からは、道路，鉄道、港湾、空港などのインフラに代表される社会資本、労働力などの人的資本、不動産や動産などの資産がストックです。一方、「フロー」は、ある一定期間で生じる経済活動の量のことです。具体的には、自然災害の被害という観点からは、自然災害よる企業の生産減少や生産停止の結果、出荷量や販売量の減少額（量）、企業の操業停止・中止に伴って発生する失業者数、失業に伴う所得の減少などがフローです。ストックはフローの蓄積結果です。自然災害の影響を評価する際には直接被害のストックのみではなく、間接被害のフローにも注目することが重要です。表2-2は直接被害と間接被害を分類し、整理したものです。

　間接被害の「自己要因」による被災地企業の生産減少は、被災地企業に生産要素を供給する企業の製品・サービスへの需要減少を意味し、被災地企業に生産要素を供給する企業の生産減少を招きます。第4章で議論する「産業連関表を用いた分析」のフレームワークで言えば、この関係は「後方連関効果 (Backward Linkage Effect)」として分類されます。

　間接被害の「非自己要因」の生産供給の減少に関しては、(i) 被災地の企業が提供する製品やサービスの生産に必要な生産要素が調達困難なために生産供給が減少するケース、(ii) 被災地の企業が提供する製品やサービスの生産量は十分確保できるものの顧客や取引先への財・サービスの提供が困難なケース、の2つのケースがあります。(i) のケースでは、インフラが被災したために電気、水、燃料などが十分確保できなかったり、原材料の配送が困難であるために被災地の企業が十分な生産活動が行えず、顧客や取引先に十分な量の製品やサービスを届けることができない状況です。(ii) のケースは、生産設備も生産要素も確保できて生産活動は十分行えるもののインフラが被災したために顧客や取引先に製品やサービスを届けることができない場合と、インフラは問題ないものの顧客や取引先そのものが被災したり、或いは将来に対する不安から消費者心理が冷え込んで需要そのものの減少する場合、の2つが考えられます。

　自然災害が発生した際にどのような経路で間接被害が広がっていくのかを示したのが図2-3です。図2-3の企業X_0に注目して間接被害の広がりについてみていきます。図2-3中の矢印は財やサービスの流れを表しています。企業X_0

表2-2 被害の種類の分類

被害の種類	被害の内容		具体的な内容
直接被害 （ストックの被害）	社会資本の損傷・倒壊		水道（断水）、電気（停電）、燃料（ガス、ガソリン）、電話等通信、鉄道、道路、港湾、空港、汚水処理システム
	民間資本の損傷・倒壊		家屋・建築物破損・倒壊、車両の破損
	人的資本の喪失・毀損		死亡者、行方不明者、負傷者
間接被害 （フローの被害）	自己要因	自社事業用設備の損壊	生産供給の減少 労働者所得の減少 失業者の増加 消費需要の減少
	非自己要因	社会資本の被災 原料供給元の被災 被災に伴う消費者心理	

の財・サービスの生産活動は、直接的には①②③④の4つの財・サービスの流入と流出で成り立っています。しかし、図2-3から明らかなように、企業X_0の生産活動は間接的には直接取引のない企業A_1、企業A_2、企業B_1、企業B_2の企業とも関係しています。つまり、企業X_0の生産活動が滞ると、企業A_1、企業A_2、企業B_1、企業B_2の生産活動にも影響が出るということです。以下では、企業X_0の生産設備が自然災害によって直接被害を受けなかった場合と直接被害を受けてしまった場合に分けて間接被害の広がりを見ていきます。

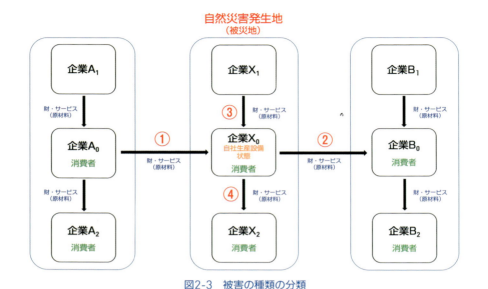

図2-3 被害の種類の分類

　はじめに、企業X_0の生産設備が自然災害によって被害を受けなかった場合について考察していきます。①と③は企業X_0の財・サービスの生産に原材料として必要な財・サービスの入荷の流れを表しており、②と④は、企業X_0が製造した財・サービスの完成品の出荷を表しています。たとえ、企業X_0の生産設備が自然災害によって被害を受けなかった場合でも、仮に、自然災害によって社会資本が被災して道路が寸断されたり、生産に必要な電気、水、燃料が十分供給されなかったりすると、①と③を通じての財・サービスの供給が不足し、企業X_0の財・サービスの生産は十分に行えなくなってしまいます。その結果、②と④で表されている取引先企業や消費者に対して、財・サービスの供給が十分できなくなってしまいます。特に企業X_0から企業B_0への財・サービスの供給不足は企業B_1及び企業B_2の生産にも影響を及ぼします。企業X_0からの財・サービスの供給不足は、企業B_1からの財・サービスの購入を減少させ、企業B_2への財・サービスの供給の減少を引き起こします。

　つぎに、企業X_0の生産設備が自然災害によって被害を受けた場合について考察します。この場合には、②と④で表されている取引先企業や消費者に対

して、財・サービスの供給が十分できなくなってしまいます。その後の影響については上記で説明したとおりです。X_0の生産そのものが自然災害のために十分行えなくなった場合、①と③で表される財・サービスの供給量は被災前と同水準ほど必要ではなくなります。このことは、企業A_0及び企業X_1の生産の縮小を意味します。企業A_0が生産を縮小すると、企業A_1から企業A_0が購入していた原材料としての財・サービスの購入も減少することとなります。

　以上考察したように、表2-2で説明した「自己要因」であろうが「非自己要因」であろうが、企業X_0の生産が滞ると企業X_0が生産する財・サービスと関係する取引先企業の生産の減少・縮小が引き起こされ、消費者に十分な財・サービスが提供されないということが起こります。加えて、企業X_0及び取引先企業の生産停止や縮小が長期化すると、企業X_0及び取引先企業で働く労働者の失職や賃金の低下という状況を招く可能性が高まります。労働者の失職や賃金の低下（所得の低下）は、企業X_0をはじめとする企業の財やサービスに対する需要の減少を引き起こします。需要の減少に合わせて企業が生産を抑えると、さらなる労働者の失職や賃金の低下（所得の低下）を招くこととなってしまいます。この負の連鎖にさらに追い打ちをかけるであろうと思われるのが、「将来に対する不安」という消費者心理です。将来に対する消費者の不安が増すと、将来のために貯蓄をすることを選択するようになり消費はさらに落ち込むこととなります。

2　無形資産の損失

　これまで自然災害発生がもたらす有形の経済損失について議論してきましたが、経済価値を有するものの貨幣価値で評価することが困難な有形ではない無形の損失というものも存在します。例えば、地域イメージや地域ブランドなどの無形資産がそれにあたります。無形資産は目に見えない、いわゆる「見えざる資産」です。広辞苑によると、イメージとは「心に思い浮かべる像や情景。ある物事についていだく全体的な感じ。心象。形象。印象」とあります。つまり、地域イメージとはある地域に対して心に浮かぶ心象ということになります。自然災害によって自然災害が発生した地域に対するイメージが一旦毀損してしまうと、その地域に対するイメージが自然災害前の状態ま

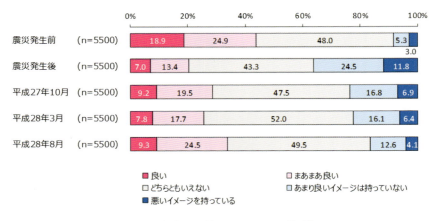

図2-4　福島県に対するイメージの推移[3]

　で回復するのには長い時間を要します。地域に対するイメージが悪くなると、その地域で作られた農産物、製造品に対するイメージも悪くなってしまい、買い控えが発生しています。また、被災地域を訪れる観光客も減少し、その地域で生産される品物に対する需要が減少することになります。最近の深刻な風評被害の例ですと、東日本大震災の津波被害で発生した東京電力福島第一原子力発電所事故（以下、原発事故と記す）による風評被害を挙げることができます。福島県（2016）[3]では、原発事故発生から5年以上経過した2016年時点でも、原発事故発生により福島県産の農林水産物の市場価格は大きく落ち込んでいること、消費者の買い控えが依然として存在していること、福島県を訪れる観光客も大幅に減少していること、が指摘されています。図2-4は、福島県（2016）から抜粋した「福島県に対するイメージの推移」の棒グラフです。図2-4が示しているように、震災発生前に福島県に対して「悪いイメージを持っている」「あまり良いイメージを持っていない」とする人が計8.3％であったのに対して、震災発生後には36.3％まで増加しています。震災発生から5年以上も経過した2016年（平成28年8月）時点でも、依然として16.7％の人が福島県に対してあまり良いイメージを持っていない状況にあります。
　消費者庁は2013年以降、毎年2月と8月の年2回「風評被害に関する消費者

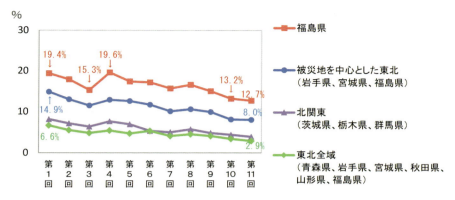

図2-5　放射性物質を理由に購入をためらう産地[4]

意識の実態調査」をインターネットで行ってきました。同調査は被災地域（岩手県、宮城県、福島県、茨城県）と被災地産品の主要仕向先である東京などの都市圏（埼玉県、千葉県、東京都、神奈川県、愛知県、大阪府、兵庫県）の20代から60代の男女の消費者を対象に行い、毎回5,000人以上から有効回答を得ています。図2-5は、消費者庁（2018）[4]の「放射性物質を理由に購入をためらう産地について」に関する回答結果の2013年以降の推移を図示したものを抜粋したものです。図2-5から明らかなように、食品中の放射性物質を理由に購入をためらう産地について、2013年以降、被災した東北地域のどの地域も減少傾向にありますが、原発事故から約7年が経過した2018年2月時点でも依然として福島産については1割以上の人が購入を躊躇うとしています。

　図2-4と図2-5で見たように、原発事故から7年以上も経過しているにもかかわらず、福島県のイメージ、地域ブランドとしての福島県産の財に対する評価は回復していません。人間が造った有形の資産であれば、破損されたりしても比較的時間をかけずに修復したり作り直したりすることができます。しかし、一度失った無形の資産を元の状態にまで回復・修復させるには、有形資産の回復に要する時間よりも長い時間を要します。地域イメージや地域ブランドなどの無形資産が一旦毀損してしまうと、毀損した状態が固定化しそれが長期化する傾向があります。地域イメージや地域ブランドなど無形資産

が毀損してしまうということは、その地域産の農林水産物や製造品の販売機会の喪失や、その地域を訪れていたであろう観光客や訪問者に対しての様々な財やサービスの販売機会を失うなどの経済損失が発生します。観光は旅行業、運輸業、宿泊業、飲食業と深く係わっています。これらの産業に関連する観光の販売機会の喪失分も含めて、自然災害以前の状態まで或いはそれ以上にまで回復するまでの無形資産毀損に関連する損失を正確に計算・推計することは非常に困難です。

　また本章では議論しませんでしたが、無形資産と同様に貨幣価値で評価することが困難なものに、自然災害による精神的被害があります。自然災害などで精神的被害を一旦被るとその精神的苦痛を取り除くことは容易ではありません。骨折などの物理的損傷とは異なり、精神的苦痛が完全に取り除かれ完治するまでの時間を想定することは困難です。その意味でも、自然災害による精神的被害の価値を経済的に評価することは困難です。しかし、場合によっては物的・人的被害よりも精神的被害の方が甚大な場合も存在します。自然災害による被害や損失を正確に推計するためには、精神的被害についても考慮する必要がありますが、現段階では精神的被害を経済的に評価することは技術的に困難です。実際、自然災害による経済損失を推計する際に精神的被害の経済的価値についても加味している先行研究は存在しません。

参考文献・引用文献

1) 文部科学省「地球の発生メカニズムを探る」2013。https://www.jishin.go.jp/main/pamphlet/eq_mech/eq_mecha.pdf
2) 中央防災会議「首都直下地震の被害想定項目及び手法の概要 〜人的・物的被害〜」2013。http://www.bousai.go.jp/jishin/syuto/taisaku_wg/pdf/syuto_wg_butsuri.pdf
3) 福島県「福島県風評・風化対策強化戦略」2016。https://www.pref.fukushima.lg.jp/uploaded/attachment/192680.pdf
4) 消費者庁「風評被害に関する消費者意識の実態調査(第11回)について」2018。http://www.caa.go.jp/disaster/earthquake/understanding_food_and_radiation/pdf/understanding_food_and_radiation_180307_0003.pdf

3章

首都直下地震の直接被害

首都直下地震が発生した際の経済損失について詳細に議論しているものに、(i) 東京都防災会議が2012年4月に取りまとめた「首都直下地震等による東京の被害想定　報告書」[1]、(ii) 中央防災会議が2013年12月に取りまとめた「首都直下地震の被害想定と対策について」[2]、が存在します。(i) と (ii) の報告書で共通するのは、それぞれ様々な状況を想定して、建物被害、人的被害、ライフライン（上下水道、電力、通信、ガス）被害、交通施設（道路、鉄道、港湾、空港）、が首都直下地震でどのような被害を受ける可能性があるのかを推計している点です。ここでいう様々な想定とは、地震の規模、発生場所、発生時期、発生時間、地震発生の際の風向きと風速、などについて様々なケースを想定して、地震発生の影響を推計しています。ただ、両報告が行っているのは、基本的には地震の人的および物的な直接被害の推計のみです。また両報告書の相違点としては、(i) が東京都のみを対象として推計を行っているのに対して、(ii) は東京都、神奈川県、千葉県、埼玉県、茨城県、栃木県、山梨県、静岡県まで対象を広げて推計を行っている点です。つまり、(i) は地震発生の東京都のみへの影響、(ii) は地震発生によって影響を受けるであろうすべての地域への影響、を推計している点が相違点です。(i) の報告書は東京都のみに限定された推計ですが、区市町村別のより細かい推計と分析がなされており、東京都に関しては (ii) よりも地震の影響を詳細に分析しています。首都直下地震の影響を推計するにあたって、(i) と (ii) で想定している地震の強度や震源は非常に似ています。両報告書とも地震の規模はマグニチュード7.3、フィリピン海プレートと北米プレートの境界に当たる東京湾北部が震源であるとして推計を行っています。その上で、両報告書では異なるいくつかの状況を想定して推計を行っていますが、以下では、地震の規模はマグニチュード7.3、地震発生は冬の夕方18時、その時の風速が8m/秒、という設定で行われた推計結果を紹介します。

　この設定のもとで推計された「首都直下地震」の震度分布図が図3-1です。また、(i) 東京都防災会議 (2012) と (ii) 中央防災会議 (2013) の東京都に関する推計結果をまとめた比較表が表3-1です。表3-1から明らかなように、中央防災会議 (2013) のほとんどすべての推計値は、東京都防災会議 (2012) の推計値よりも大きな値になっています。　これは、中央防災会議 (2013) の対象エ

リアが東京都防災会議（2012）よりも広いためです。しかし、基本的な推計結果には大きな隔たりはありません。以下では地域を東京都だけに限定してはいるものの、より詳細な推計を行っている東京都防災会議（2012）の推計結果を中心に首都直下地震の影響を概観していきます。

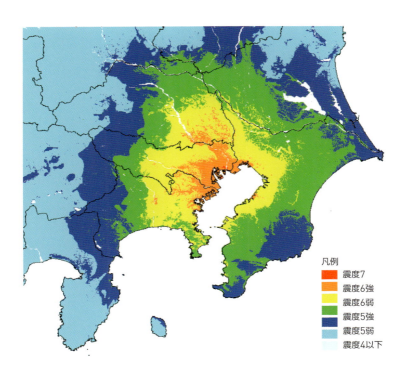

図3-1　首都直下地震（都心南部直下地震、東京湾北部地震）の震度分布[3]

表3-1 推計結果(東京都防災会議と中央防災会議)の比較表[1]

			(i) 東京都防災会議	(ii) 中央防災会議
条件		規模	東京湾北部　マグニチュード7.3	
		時期及び時刻	冬　夕方　18時	
		風速	6〜8m/秒	
人的被害		死者	9,641人	8,900〜13,000人
	原因	揺れ・液状化による建物崩壊	5,378人	4,000人
		地震火災	3,853人	4,500〜8,400人
		急傾斜・落下物・ブロック塀	183人	320人
		負傷者（内、重傷者）	147,611（21,893）人	N.A.
	原因	揺れ・液状化による建物崩壊	125,964人	N.A.
		地震火災	17,709人	N.A.
		急傾斜・落下物・ブロック塀	3,938人	N.A.
物的被害		建物被害（全壊）	304,300棟	333,000棟
	原因	揺れ・液状化による建物崩壊	116,224棟	112,300棟
		地震火災	188,076棟	221,000棟
	交通	道路	6.8%	1,050箇所[3] %
		鉄道	2.0%	840箇所[3] %
	ライフライン	電力停電率[2]	17.6%	51.0[3] %
		通信（固定電話）不通率[2]	7.6%	48.0[3] %
		ガス供給停止率[2]	26.8〜74.2%	17.0[3] %
		上水道断水率[2]	34.5%	31.0[3] %
		下水道被害率機能支障率[2]	23.0%	4.0[3] %
その他		帰宅困難者の発生	5,166,126人	6,400,000〜8,000,000人
		最大避難者数	3,385,489人	3,300,000[3] 人
		エレベーター閉じ込め台数/人	7,473台	11,100[3] 人
		災害要援助者死者数	4,921人	N.A.
		自力脱出困難者数	56,666人	N.A.
		震災廃棄物（トン）	4,289トン	9,800[3] トン

注　(1) 東京都だけに生じた（発生した）数値である。
　　(2) 被災直後の値。
　　(3) 東京都、神奈川県、千葉県、埼玉県、茨城県、栃木県、山梨県、静岡県のすべて地域の集計値。
　　(4) 都区部の集計値。

3-1　人への被害

　はじめに、地震の揺れの人的影響についてみていきます。表3-1が示しているように東京都防災会議（2012）の推計では、東京都の死者は9,641人、その内約55％の人が地震の揺れによる建物の崩壊等が原因で死亡し、約42％が火災が原因で死亡するとしています。負傷者の総数は147,611人ですが、その内の85％以上が地震の揺れによる建物の崩壊等が原因で負傷するとしてしまいます。火災が原因で負傷してしまう人は約12％です。地域別でみると、死亡してしまうと推定された人の約97％に当たる9,337人が23区内で死亡するとされています。また負傷者に関しては、負傷者の95％に当たる119,153人が23区内で負傷してしまうとしています。

3-2　建物への被害

　次に建物への影響についてみていきます。図3-1が示しているように、東京湾北部の震源を中心に放射線状で震度が小さくなっているのがわかります。この設定で、震度6強（計測震度6）以上の範囲は、23区の約7割となっています。第2章で説明した図2-2の関係から、震度6強（計測震度6）以上の揺れであると、1971年以前に建てられた木造建物の約2割は全壊してしまいます。東京都防災会議（2012）の推計によると、東京都で全壊してしまう建物は304,300棟で、その内の約38％の建物が地震の揺れが原因で全壊し、残りの約62％が火災が原因で全壊するとしています。地域別でみると、地震の揺れが原因で全壊してしまうとされた建物の約96％に当たる111,898棟が23区内で全壊してしまうと推計されています。また火災が原因で全壊してしまう建物の約97％が23区内の建物です。図3-2は250m×250mの一区画内（東京都全体で約28,000区画）でどれぐらいの数の家が地震の揺れによって全壊してしまうかを表しています。図3-3は全壊の原因の内、火災が原因で全壊してしまう建物の分布を表しています。図3-2から明らかなように、揺れによって全壊してしまう建物は震源に近いほどその数が多くなっています。一方、火災によって全壊する建物は、震源からの距離が近いからといってその数が増加するわけではないことを図3-3

は示しています。火災によって全壊してしまう建物数は、主に建物の構造（木造、防火木造、準耐火造、耐火造）と消防団の消化能力によって決まります。つまり、震源近くでは出火の可能性が高くても、建物の耐火の程度と出火後にい

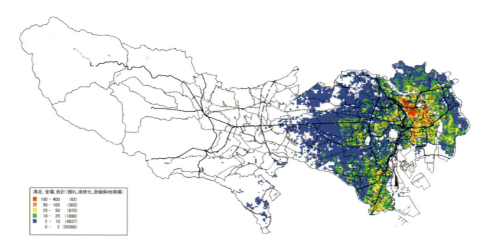

図3-2　全壊建物棟分布図[4]

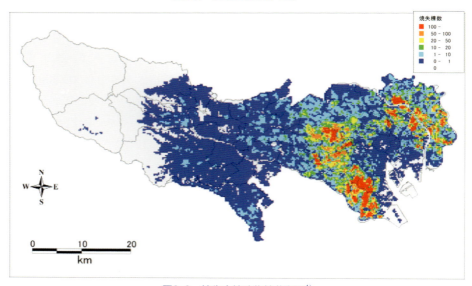

図3-3　焼失全壊建物棟分布図[4]

52

かに早く消火活動を開始できるかによって、建物が焼失してしまうリスクが異なります。

　建物が全壊してしまう要因の1つとして、液状化現象（地盤が液体状になる現象）による影響も推計されています。しかし、東京都防災会議（2012）によると、液状化現象によって全壊してしまう建物の割合は全壊してしまう建物全体のわずか約1％に過ぎませんでした。しかし、半壊してしまう建物に関しては、その約2割が液状化現象が原因であると推計しています。図3-4は液状化現象が発生する可能性を示した分布図です。PLは地震動、地盤特性、地下水位から求められた液状化のしやすさを表す指標です。PLが5以下であるということは、液状化現象が発生する可能性が非常に小さいことを意味しています。PLが5よりも大きく15以下である場合、液状化現象が発生する可能性あることを意味しています。PLが15よりも大きいと液状化現象が発生する可能性が非常に高くなることを意味しています。つまり、図3-4の赤い地域が液状化現象が起こる可能性が高い地域ということになります。図3-4から明らかなように、沿岸部と東京の東部、千葉寄りの地域が液状化現象の可能性が高いことがわかります。実際、東日本大震災の際には、東京湾の新木場から浦安方面の海岸地域で激しい液状化現象が発生しました。

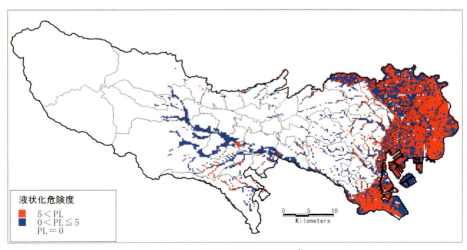

図3-4　液状化危険度分布図[4]

3-3　ライフラインへの被害

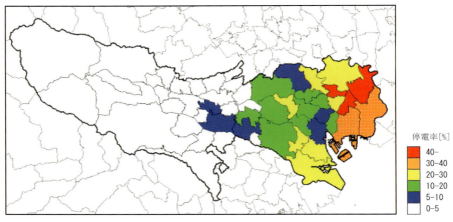

図3-5　電力の被害分布[4]

　以下ではライフラインの被害についてみていきます。図3-5は東京都の電力の被害の状況を表した地図です。東京都防災会議（2012）では、東京都全体での停電率を17.6％と推計しています。ただし、23区だけに限ってみると、停電率は24.9％と高くなります。その中でも、墨田区が61.9％、台東区が52.3％、荒川区が48.7％と半数以上の世帯が停電すると推計しています。

　通信に関してですが、図3-6は東京都の固定電話の被害の状況を表しています。東京都防災会議（2012）は固定電話の不通率を東京都全体で7.6％と推計しています。23区内に限ると、品川区の不通率が35.0％、大田区の不通率が23.9％となっています。また、携帯電話の不通率の分布図は図3-7で示されています。赤いエリアは半分以上の携帯電話が通話できない状況であることを表しています。図3-5の電力の被害状況の地図と図3-7の携帯電話の被害状況の地図を見比べると、停電率の高い地域と携帯電話の不通率の高い地域が重なっていることがわかります。これは携帯電話の中継基地が電気を利用していることから、停電率の高い地域の携帯電話の不通率も結果として高くなっているのです。

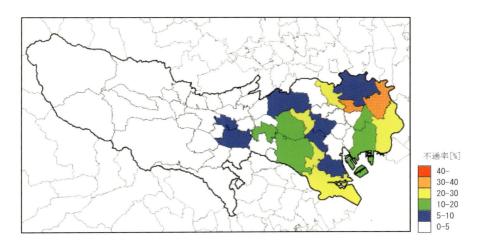

図3-6　固定電話の被害分布[4]

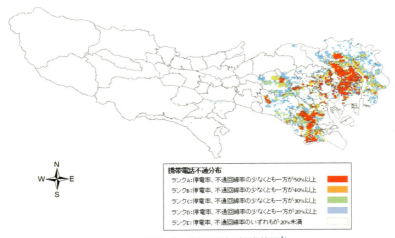

図3-7　携帯電話の被害状況[1]

　次にガスの被害状況を表したのが図3-8です。東京都全体での供給支障率は26.8％ですが、23区に限ると34.3％にまでガスの供給支障率は上昇します。その中でも特に状況が厳しいのが、震源の北側の地域です。墨田区では供給支障率が100％、足立区で99.4％、台東区、中央区で80％以上と推計されています。

3章　首都直下地震の直接被害　　55

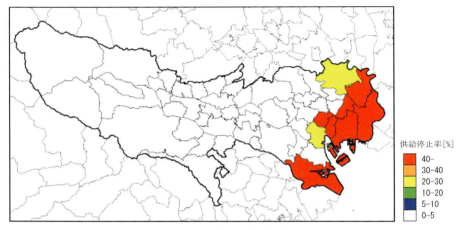

図3-8　ガスの被害分布[1]

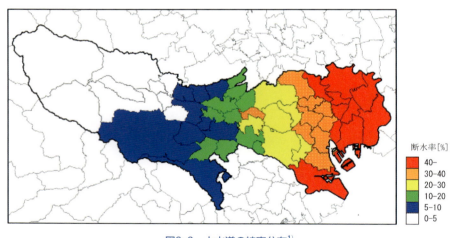

図3-9　上水道の被害分布[1]

　上水道についての被害状況を示したのが図3-9です。東京都全体の断水率は34.5％ですが、23区に限ると45.0％にまで上昇します。その中でも特に状況が厳しいのが、墨田区と江東区で、その断水率は約80％です。また、葛飾区、江戸川区、中央区の断水率も約70％と推計されています。

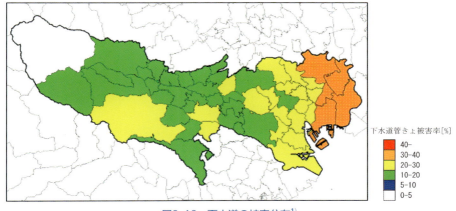
図3-10 下水道の被害分布[1)]

下水道についての被害状況を示したのが図3-10です。東京都全体の被害は23.0％ですが、23区に限ると27.1％にまで上昇します。その中でも特に状況が厳しいのが、台東区、墨田区、葛飾区、江東区、江戸川区で、その被害率は30％前後です。

3-4 ライフラインの復旧

図3-11は、中央防災会議（2013）の推計結果を基に、ライフラインの復旧状況をグラフにまとめたものです。図3-11から明らかなように、電力、通信、ガス、上水道、下水道の中で、電力の復旧が最も早く、地震発生から6日後には停電率はゼロとなり、完全復旧が可能であるとしています。その次に復旧の可能性が早いとしているのが通信で、完全復旧には14日が必要としています。ガスについては復旧期間が最も長く、完全復旧まで53日間が必要であるとしています。上水道、下水道の完全復旧には30日を要するとしています。

表3-2は阪神淡路大震災と東日本大震災でライフラインの復旧に実際どのくらいの期間を要したのかをまとめた表を東京都防災会議（2012）から抜粋したものです。表3-2の復旧まで実際に要した期間と図3-11の中央防災会議（2013）の推計結果を比較すると、電力の復旧に約1週間、通信の復旧に約2週間と、復旧までの要する期間はほぼ同じです。また、ライフラインの中で電力の復旧

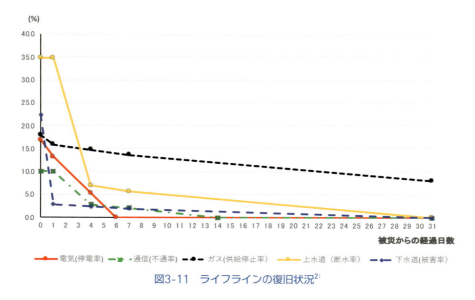

図3-11　ライフラインの復旧状況[2]

が最も早く、ガスの復旧に最も時間を要した点も共通しています。ただし、ガス及び上下水道の完全復旧までの期間には多少差異があります。

　東京都防災会議（2012）は、表3-2の状況を含む1995年から2012年までに発生した地震の復旧状況から総合的に判断して、首都直下地震が発生した場合のライフラインの復旧期間を次のように推定しました。つまり、停電被害の復旧には概ね1週間、通信寸断の復旧には概ね2週間程度、ガスの設備被害の復旧には概ね1～2ヶ月程度、上下水道の断水被害復旧には1ヶ月以上、を必要とするとしています。

　以上、首都直下地震の人的損害および物的損害について、東京都防災会議（2012）と中央防災会議（2013）の推計結果をもとに議論してきましたが、これまでの議論は、すべて地震発生に伴う直接被害についての議論でした。第2章でも説明しましたが、自然災害には直接被害に加えて、直接被害から派生する間接被害が発生しますが、東京都防災会議（2012）と中央防災会議（2013）では間接被害については詳細に議論されていません。次章では首都直下地震の間接被害について議論していきます。

表3-2 阪神淡路大震災と東日本大震災のライフラインの復旧期間[1]

項目	阪神・淡路大震災	東日本大震災
電気	・停電約260万戸 ・発災6日後倒壊家屋等を除き復旧完了	【東北電力管内】 ・停電約466万戸（3/11） ・発災後3日で約80%の停電を解消 ・発災後8日で約94%の停電を解消
固定電話	・交換機系：約28万5千回線不通 1日後復旧完了 ・加入者系：約19万3千回線不通 14日後復旧完了	・不通約100万回線（3/13） ・発災後約1週間で約80%の不通を解消（4/20 約20万回線） ・発災後約2週間で約90%の不通を解消（4/26 約10万回線）
都市ガス	・供給停止戸数約84万5千戸 ・発災85日後倒壊家屋等を除き復旧完了	・供給停止約46万戸 ・発災後約1カ月で約80%の供給停止を解消（4/15 約10万戸） ・発災後約2カ月で約90%の供給停止を解消（5/4 約6万戸）
上水道	・断水約127万戸 ・発災42日後に仮復旧完了 ・発災91日後に全戸通水完了	・断水約160万戸（3/17） ・断水約30万戸（3/31） ・断水約10万戸（4/20）
下水道	・被災管きょ総延長約180km（兵庫県） ・発災42日後に仮復旧完了 ・発災94日後に全戸通水完了	・被害管路延長約960km ・震災当初稼働停止処理施設48箇所のうち、津波等で約3カ月後も18箇所が停止（6/6現在）

参考文献・引用文献

1) 東京都防災会議「首都直下地震等による東京の被害想定　報告書」2012。http://www.bousai.metro.tokyo.jp/taisaku/1000902/1000401.html
2) 中央防災会議「首都直下地震の被害想定と対策について（最終報告書）」2013。http://www.bousai.go.jp/jishin/syuto/taisaku_wg/index.html
3) 中央防災会議「首都直下地震の被害想定と対策について（最終報告書）——首都直下のM7クラスの地震及び相模トラフ沿いのM8クラスの地震等 に関する図表集」2013。http://www.bousai.go.jp/jishin/syuto/taisaku_wg/pdf/syuto_wg_siryo04.pdf
4) 東京都防災会議「首都直下地震等による東京の被害想定——概要版」2012。http://www.bousai.metro.tokyo.jp/_res/projects/default_project/_page_/001/000/401/assumption_h24outline.pdf

4章

首都直下地震による経済損失の推計

本章では、はじめに地震などの自然災害発生に伴う経済損失の代表的な4つの推計方法について概説します。その上で、4つの推計方法の1つである産業連関表を用いた方法で、首都直下地震の直接被害と間接被害を推計します。

4-1　経済損失の推計方法

　自然災害が発生した際の経済損失を推計する方法の代表的なものに、ボトムアップ方式、ヘドニック・アプローチ、動学マクロモデルを用いた方法、産業連関表を用いた方法、があります。以下では、これら4つの推計方法について概説します。

1　ボトムアップ方式

　ボトムアップ方式は、自然災害にともなう物的な直接被害額を算定するのに適した方法です。ボトムアップ方式では、あらかじめどのような場所にどのような資産が存在しているのかを調査しておきます。ある土地が自然災害により被害を受けた場合に、その土地のどのくらいの部分が被害を被ったのかを調査します。被害を被った土地の割合とその土地全体の資産総額とを掛け合わせて被害額を算定するのがトムアップ方式の推計方法です。ボトムアップ方式は、当初は洪水などの水害にともなう被害額の算定方法として用いられていました。そのため、国土交通省によって被害額の算定に必要な資産額や評価基準が整備されています。具体的には、国土交通省が発行している『治水経済調査マニュアル（案）』には、ボトムアップ方式による算定を行ううえで、資産として計上される項目が掲載されています。資産として計上される項目としては、家計部門では家屋・家具・自動車などが挙げられており、事業所では建物・在庫品・生産高の減少などが資産として分類されています。さらに、同マニュアルでは都道府県別に、家屋の1m^{2}当たりの評価額や家庭用品評価額なども示されており、地域によって適切な評価をすることができるようになっています。このように、ボトムアップ方式の長所は、推計を行う範囲が明確であること、推計に必要なデータを比較的容易に入手できること、です。しかし、ボトムアップ方式では、人的被害については推計することが

できません。加えて、電気、水道、ガス、道路などのインフラが寸断されることによる2次的な被害、サプライチェーンの寸断に起因する間接的な被害などは計算することはできません。言い換えると、ボトムアップ方式で算定できる被害額が物的な直接被害額に限られることが、ボトムアップ方式の短所です。自然災害による被害は、物的被害だけではありませんので、自然災害の総合的な推計方法としては、ボトムアップ方式は十分とはいえません。

2 ヘドニック・アプローチ

　ヘドニック・アプローチは、自然災害が財の市場価値をどの程度低下させるのかを推計することで、自然災害の被害額を計算する方法です。つまり、財の市場価値の減少額が、自然災害による被害額なのです。ヘドニック・アプローチでは、財の価格を「その財の有する機能や特性に対する評価額」とみなします。その前提のもとに、財の持つ機能および特性がその財の価格にどの程度の影響を与えているのか推計するのがヘドニック・アプローチです。ヘドニック・アプローチは、土地の「地価」を推計するのによく用いられる推計方法です。地価は、土地面積だけでなく最寄り駅からの距離や治安の良し悪しなど、立地条件や周辺環境の質によって大きく影響されます。このため、「地震の被害を受けたか否か」という事実も地価に影響を与える可能性があります。例えば、ある土地が地震によって被災した場合は、土地の安全性に対する人々の評価が低下し、結果として地価が下落することが予想されます。このことは、「地震によって土地の市場価値が失われた」と言い換えることもできます。つまり、地震前後における被災地域の地価の下落幅は、「地震によって失われた土地の市場価値」とみなすことができるのです。以下では、ヘドニック・アプローチを簡単な推計式を用いて具体的に説明します。

　下式は、地価がどのような要因で決まるかを示した推計式（ヘドニック価格関数）です。

$$\text{地点}i\text{の地価}(\text{円}/\text{m}^2) = a + \Sigma_n \beta_n \cdot \text{土地属性}_{n,i} + r \cdot \text{被災ダミー}_i + \text{誤差項}_i$$

　上式において、左辺の変数である「地点iの地価」は、右辺のいくつかの変数によって決定される関係になっています。言い換えると、左辺の変数は、

右辺の変数によって説明される変数なので「被説明変数」或いは「従属変数」と呼ばれます。それに対して、右辺の変数は、左辺の変数を説明する変数なので「説明変数」ないし「独立変数」と呼ばれます。今回の事例では、説明変数は2種類存在しています。つまり、「i地点における土地属性」と「地震によって被害を受けたか否か」という変数です。「i地点における土地属性」とは、具体的に、地質・地盤等の状態、交通施設（最寄駅）までの距離、交通施設の利便性（最寄り駅への電車の乗り入れ本数）、商業施設（スーパーマーケット）までの距離、近隣公園の数、などあります。このケースでは土地属性に関する変数がn種類存在します。「地震による被害を受けたか否か」という変数には「被災ダミー」変数を割り当てています。ここでは、「土地iの地価」は、「土地属性」および「地震によって被害を受けたかどうかという土地iの質的な特徴」によって決まるということを意味します。ヘドニック・アプローチでは実際のデータを用いて推計式のα、β_nおよびrの値を推計します。αは切片で全ての説明変数（土地属性・被災ダミー）が0であるときの被説明変数の値を表しています。β_nは土地属性が地価に及ぼす影響の大きさを表しています。rは、地震によって被害を受けた場合の地価の下落金額を表しています。すなわち、推計されたrの値が大きければ大きいほど、地震によって被害を受けた場合の土地iの価値の下落幅が大きくなることを意味しています。

　ヘドニック・アプローチの長所は、地震により発生する経済損失を、「財の市場価値の低下」という観点から推計できる点です。推計式の「土地iの地価」をいう被説明変数を家賃や住宅価格に置き換えれば、様々な財について同様の分析をすることができます。一方で、ヘドニック・アプローチの短所は、分析に用いる財の価格があくまで市場における「評価額」であるということです。例えば、地震によって甚大な被害を受けた地域では、政府による援助や救済措置が行われることが期待されます。その期待が大きければ大きい程、地価の下落幅は小さくなる可能性があります。つまり状況によっては、地価の下がり幅が、地震による被害の大きさを正しく反映していない場合があります。そのため、ヘドニック・アプローチで算出された地価の変化額が地震の影響を正確に表していない可能性があります。

3 動学マクロモデル

　動学マクロモデルとは、一国経済の中長期的な変化を数式によって表現したモデルです。動学マクロモデルを用いる長所は、地震が一国経済に与える影響を、5年後、10年後といった中長期的な観点から予測できるという点にあります。例えば、最も有名な動学マクロモデルの1つに、マサチューセッツ工科大学教授のロバート・ソローによって考案されたソロー・モデルがあります。ソロー・モデルは、国内総生産（GDP）が①技術水準、②労働投入量、③資本量、の3つの要因によって規定されると仮定しています。そのため、ソロー・モデルを用いた地震による中長期的な経済損失は、技術水準の低下、労働投入量および資本の減少に分解して捉えることができます。さらに、動学モデルに実際のデータをあてはめることで、地震がGDPの成長率へ与える影響を定量的に推計することも可能です。動学マクロモデルを用いたシミュレーション分析は数多く行われており、地震が一国経済に及ぼす影響について、様々な推計結果が算出されています。例えば、佐藤・小黒（2010）[1]はケインズ型動学マクロモデルを構築し、首都直下地震が経済成長率や物価水準などに及ぼす影響を試算しています。試算の結果、首都直下地震により実質GDPは一時的に落ち込むものの、復興需要の増加によって短期間で急回復することを示しました。徳永・沖山（2014）[2]は、2地域間SAMデータをもとに2地域間応用一般均衡モデルを構築し、自動車産業のサプライチェーン寸断にともなう負の影響を推計しています。

　一方で動学マクロモデルの短所は、経済損失を推定するうえで考慮すべき要素をモデルにすべて組み込むことができないという点です。例えば中長期的な間接被害額を推計するためには、地震が発生しなかった場合の被災地の経済状況について、将来時点まで想定したデータをモデルに組み込む必要があります。つまり、「地震が発生しなかった場合の経済成長率」の数値が必要になります。しかし、「仮に地震が発生しなかった場合の経済成長率」は将来時点にならないとはっきりしない数値です。そこで次善の策として、「地震が発生しなかった場合は、現在時点と同じ水準で経済成長が続く」と仮定して分析を行うことになります。しかし、これはあくまで仮定にすぎないので、地震が起こらなかった場合に仮定通りに経済成長が持続するかどうかを確認す

ることができません。つまり、どのような仮定を前提に動学マクロモデルによる推計を行うかによって、推計される経済損失額の値は大きく異なり、場合によっては推計値そのものが非現実的な水準となってしまう可能性も否定できません。

4　産業連関表を用いた方法

　産業連関表を用いた推計方法は、地震発生に伴って生じる間接被害を推計するのに適した推計方法です。産業連関表とは、一定期間（通常1年間）において生産された財・サービスが産業間でどのように取引されたのかを、行列形式にまとめたものです。表4-1は、産業連関表の一例を示したものです。表4-1の産業連関表をまず、縦（列）方向に見てみましょう。縦（列）方向は、各産業が財・サービスを生産するために原材料をどの産業からどれだけ購入したのか、新たに生まれた価値（賃金（雇用者所得）や企業の利潤（営業余剰）等）がどの程度なのか、を表しています。産業連関表では、財・サービスの生産に用いられた原材料を「中間投入」と呼び、生産活動によって新たに生み出された価値を「粗付加価値」と呼びます。続いて、表4-1を横（行）方向に見てみましょう。横（行）方向は、各産業が生産した財・サービスがどこへどれだけ販売されたかという、販路構成を表しています。このうち、各産業へ原材料として使用するための中間財として利用された部分を「中間需要」と呼び、家計で消費されたり、企業で設備投資にあてられたりするための最終財として売られた部分を「最終需要」といいます。

　ここでは、産業連関表として作成される統計表のうち、経済損失を推計するうえで最も重要な3つの統計表に絞って説明します。第1に、各種統計表を作成するための中核となるのが取引基本表です。表4-2は取引基本表の一例を示しています。表4-2を縦方向に読むと、各産業の費用構成がわかります。例えばA産業における生産額300億円のうち、30億円はA産業から、60億円はB産業からの原材料購入費用であることがわかります。このように取引基本表によって、各産業の生産活動がどのように結び付いているのかを定量的に把握することができます。

　さらに、取引基本表から各種係数を算出することで、地震など外生的な

表4-1　産業連関表の構造[3)]

需要部門(買い手)	中間需要			計	最終需要				計	(控除)輸入	国内生産額
供給部門(売り手)	1 農林水産省	2 鉱業	3 製造業〔生産される財・サービス〕	A	消費	資本形成	在庫	輸出	B	C	A+B+C
中間投入　1 農林水産業 2 鉱業 3 製造業 〔供給される財・サービス〕	原材料及び粗付加価値の費用構成(投入)			生産物の販路構成(産出)							
計　　　　D									B'	C'	
粗付加価値　家計外消費支出 雇用者所得 営業余剰 資本減耗引当 間接税 (控除)補助金					・行方向の国内生産額(A+B+C)と列方向の国内生産額(D+E)は一致する。 ・粗付加価値合計(E')と最終需要－輸入(B'-C')の合計は一致する。						
計　　　　E				E'							
国内生産額　　　　D+E											

表4-2　取引基本表(数値例)[3)]

(単位:億円)

		中間需要		最終需要	生産額
		A産業	B産業		
中間投入	A産業	30	150	120	300
	B産業	60	250	190	500
粗付加価値		210	100		
生産額		300	500		

表4-3 投入係数表(数値例)[3]

	A産業	B産業
A産業	0.1 $\left(=\dfrac{30}{300}\right)$	0.3 $\left(=\dfrac{150}{500}\right)$
B産業	0.2 $\left(=\dfrac{60}{300}\right)$	0.5 $\left(=\dfrac{250}{500}\right)$
粗付加価値	0.7 $\left(=\dfrac{210}{300}\right)$	0.2 $\left(=\dfrac{100}{500}\right)$
計	1.0 $\left(=\dfrac{300}{300}\right)$	1.0 $\left(=\dfrac{500}{500}\right)$

ショックに対する経済的な間接被害がどの程度発生するのかを推計することもできます。推計を行う上で不可欠となる係数が、取引基本表から算出される「投入係数」です。投入係数とは「ある産業の生産総額に占める各産業から投入する原材料費の割合」であり、産業連関表の縦方向の費用構成を表す係数です。従って、投入係数は各産業について縦方向の購入額を当該産業の生産額で除することで導出されます。

表4-3は、投入係数表の数値例です。表4-3を縦方向に読むと、各産業の費用構造がわかります。例えば、A産業における生産額のうち10％はA産業から、20％はB産業からの原材料投入費用で構成されていることが読み取れます。このようにある産業への新規需要は、原材料の投入という形で新たな需要を喚起し、関連する産業間で需要の増加が連鎖的に拡大していきます。これが経済活動における波及効果です。

図4-1は、表4-3の数値例をもとに新規需要の発生に伴う一連の波及効果を図示したものです。図4-1から明らかなように、新規需要の発生に伴う波及効果の最終的な大きさを求めるためには、等比級数を繰り返し足し合わせなければなりません。そこで、波及効果の総和を計算し表形式にまとめたものが、表4-4の「逆行列係数表」です。「逆行列係数」とは、「ある産業に1単位の需要が生じると、直接・間接の波及効果により、各産業の生産が最終的に何単位増加するかを表す係数」です。表4-4を縦方向に見ると、A産業に1単位の

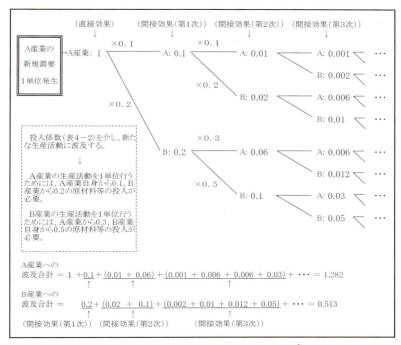

図4-1 新規需要の発生に伴う生産の波及[3]

　需要が生じた場合、生産波及を繰り返しながら最終的にはA産業で1.282、B産業で0.513の生産が喚起されることを表しています。さらに、逆行列係数を縦方向に足し合わせたものを列和といいます。列和は、ある産業に1単位の需要が生じた場合、直接・間接の波及効果によって究極的に何単位の生産が喚起されるかを表しています。表4-4は、A産業の財・サービスに対して1単位需要が増加した場合に、1.795単位の新規需要が発生することを表しています。B産業については、B産業の財・サービスに対して1単位需要が増加した場合は3.077単位の新規需要が発生します。すなわち、列和とは他産業との結びつきの強さを表しており、列和が大きい産業ほど、他産業との結びつきが強い産業であるということを意味しています。表4-4で示したケースでは、B産業の方がA産業よりも他産業との結びつきが強い産業であるということになります。

表4-4 逆行列係数表(数値例)[3]

	A産業	B産業
A産業	1.282	0.769
B産業	0.513	2.308
列和	1.795	3.077

　産業連関表を利用して地震による間接被害額を推計している先行研究の1つに、徳井・荒井・川崎他（2012）[4]があります。徳井・荒井・川崎他（2012）は、東日本大震災発生に伴うサプライチェーンが途絶えた場合の間接被害を、地域間産業連関表を用いて推計しています。徳井・荒井・川崎他（2012）では、震災直後の被害が1年間継続した場合には、142兆円の間接被害額が発生することが示されています。また、山崎・倉田・仲条・曽根（2013）[5]は、『2005年　愛知県産業連関表』を用いて、南海トラフ地震発生に伴う愛知県内のサプライチェーン寸断によって生じるであろう間接被害について推計を行っています。山崎・倉田・仲条・曽根（2013）は推計の結果、名古屋市中心部、西三河および豊橋平野が被災した場合に発生する間接被害の規模が、愛知県内の他地域と比較して相対的に大きいということを明らかにしています。

　このように産業連関表は波及効果を測定する上で有用性が高い一方、以下に示す短所も存在します。産業連関表を用いた方法では、既存の産業連関表から導出された係数を利用するため、地震が発生する以前の産業構造が地震発生後も変化しないということを前提に推計を行っています。そのため、もし地震発生後に被災地の産業構造が変化した場合、波及効果を正しく捉えることができない可能性があります。その場合には、産業連関表を用いた経済損失の推計方法は適当ではないということになってしまいます。

5　本章で用いる推計方法

　以上を踏まえ、首都直下地震が引き起こす経済損失を、本章においてどのような方法で推計するのか説明します。首都直下地震発生にともなう経済損失について推計を行っている報告書として、中央防災会議（2013）『首都直下

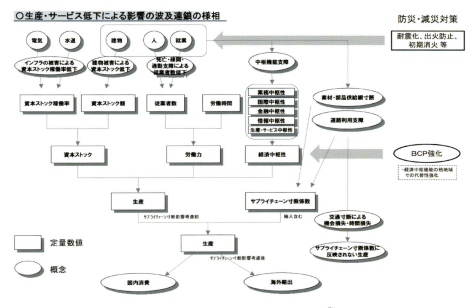

図4-2 首都直下地震の経済的波及効果[7]

地震の被害想定と対策について』[6]があります。この報告書では、人的被害や建物の倒壊など直接被害に関する推計結果が詳細にまとめられています。一方で、間接被害については、中央防災会議（2013）『首都直下地震の被害想定項目及び手法の概要〜経済的被害〜』[7]で分析のフレームワークは紹介されているものの、間接被害の推計は行われておりません。図4-2は、同報告書の中で提示されている首都直下地震の経済的波及効果の概念図です。図4-2では、首都直下地震がインフラ、建物、そして労働者への影響を通じて様々な経路で生産活動を停滞させるということが示されています。しかし、図4-2で明示されている様々な間接的影響について推計は行われていません。

　そこで本章では、産業連関表を用いて首都直下地震発生にともなう間接被害額の推計を行います。産業連関表から導出される産業別の列和は、各産業の経済活動がどのような形で相互に結び付いているのかを定量的に表したものです。そのため、列和を用いることで、首都直下地震発生にともなう間接被害額を産業別に推計することができます。4-2および4-3では、首都直下地

4章　首都直下地震による経済損失の推計　71

震発生にともなう直接被害額および間接被害額の推計を行い、推計結果から読み取れる被害の特徴について概述します。

4-2　首都直下地震の直接被害の推計

　本節では、首都直下地震発生にともなう直接被害額の推計を行います。推計に先立って、本節で使用するデータについて説明します。本節で使用するデータは、経済産業省『平成22年　工業統計メッシュデータ』および経済産業省『平成26年　商業統計メッシュデータ』です。

　メッシュデータとは、ある地域を緯度・経度に基づいて正方形に分割し、それぞれの区域に関して統計情報を整理したデータです。メッシュは、分割された区域の広さに応じて第1次メッシュ、第2次メッシュ、そして第3次メッシュに分類されます。具体的には、第1次メッシュは1辺の長さが80km、第2次メッシュは1辺の長さが10kmのメッシュ、第3次メッシュは1辺の長さが1kmのメッシュとなっています。本節では、東京都・埼玉県・千葉県・神奈川県の第3次メッシュデータを用いて推計を行います。1都3県は6,367の第3次メッシュから構成されています。

　分析に使用する経済産業省『平成22年　工業統計メッシュデータ』は、工業部門に関する統計情報が各メッシュについて集計されているデータです。具体的には、事業所数、製造品等出荷額（万円）および製造業従事者数（人）のデータが18の産業中分類別に収録されています*。また、経済産業省『平成26年　商業統計メッシュデータ』は、商業部門に関する統計情報が各メッシュについて集計されているデータです。具体的には、事業所数および年間販売額（万円）のデータが収録されています。これらのメッシュデータを用いて、本節では首都直下地震発生にともなう直接被害額を工業部門および商業部門のそれぞれについて推計します。

*製造業従事者が2人以下のメッシュ(2,957メッシュ)については、事業所が特定されるという理由により製造品等出荷額が秘匿されています。そのため、秘匿された事業所の製造品等出荷額の合計額を、従業者数に応じて2,957のメッシュに按分しました。

なお、分析にあたって、首都直下地震発生によって直接被害が生じ得る範囲を「震源から半径30km以内」と仮定して推計を行います。その理由として、1945年以降に発生した大規模地震に関して、震度6弱以上の震度が発生したエリアが震源から半径30km以内に集中しているという事実があります。そのことから直接被害が生じ得る範囲を「震源から半径30km以内」としました。
　表4-5は、1945年以降に日本で発生した大規模地震を死者数が多い順にまとめたものです。2011年に発生した東北地方太平洋沖地震は日本が経験した地震の中で死者数が最も多く、震度6以上の揺れを観測した範囲が約200～300kmと広範囲にわたっています。この範囲は過去の他の地震と比較しても突出して広い範囲に影響を及ぼした地震でした。しかし、東北地方太平洋沖地震以外の地震については、ほとんどの地震で震度6以上の震度の範囲が震源から30km以内であることを表4-5は示しています。以上から、地震に伴う直接被害が発生する範囲を「震源から半径30km以内」と仮定し、震源地を東京都千代田区虎ノ門周辺と想定して推計を行いました。

表4-5　気象庁が命名した地震(1945年～2017年)

地震の発生日時	地震名	震央地名	深さ	M	最大震度	死者数	負傷者数	津波による被害	震度6弱以上の範囲(半径)
2011年3月11日	平成23年（2011年）東北地方太平洋沖地震	三陸沖	24km	M9.0	7	19,575	6,230	有り	約200～300km
1995年1月17日	平成7年（1995年）兵庫県南部地震	大阪湾	16km	M7.3	7	6,434	43,792	無し	約40～50km
1948年6月28日	福井地震	福井県嶺北	0km	M7.1	6	3,769	N.A.	無し	約10km
1946年12月21日	南海地震	和歌山県南方沖	24km	M8.0	5	1,330	N.A.	有り	N.A.
1993年7月12日	平成5年（1993年）北海道南西沖地震	釧路沖	101km	M7.5	6	202	323	有り	N.A.
2016年4月14日	平成28年（2016年）熊本地震	熊本県熊本地方	11km	M6.5	7	145	2,381	無し	10km
1983年5月26日	昭和58年（1983年）日本海中部地震	秋田県沖	14km	M7.7	5	104	163	有り	N.A.
2004年10月23日	平成16年（2004年）新潟県中越地震	新潟県中越地方	13km	M6.8	7	68	4,805	無し	約40km
1968年5月16日	1968年十勝沖地震	青森県東方沖	0km	M7.9	5	52	330	有り	N.A.

発生日	地震名	震央地名	深さ	M	最大震度	死者・行方不明者	住家全壊	津波	地表地震断層
1974年5月9日	1974年伊豆半島沖地震	駿河湾	9km	M6.9	5	30	102	有り	N.A.
1984年9月14日	昭和59年（1984年）長野県西部地震	N.A.	N.A.	M6.8	(推定)6	29	10	無し	N.A.
1978年6月12日	1978年宮城県沖地震	宮城県沖	40km	M7.4	5	28	1,325	有り	N.A.
1964年6月16日	新潟地震	新潟県下越沖	34km	M7.5	5	26	0	有り	N.A.
1978年1月14日	1978年伊豆大島近海の地震	伊豆大島近海	0km	M7.0	5	25	211	有り	N.A.
2008年6月14日	平成20年（2008年）岩手・宮城内陸地震	岩手県内陸南部	8km	M7.2	6強	17	1,056	無し	約40km
2007年7月16日	平成19年（2007年）新潟県中越沖地震	新潟県上中越沖	17km	M6.8	6強	15	2,346	無し	帯状に50km
1961年8月19日	北美濃地震	石川県加賀地方	10km	M7.0	4	8	0	無し	N.A.
1994年12月28日	平成6年（1994年）三陸はるか沖地震	三陸沖	0km	M7.6	6	3	783	無し	10～20km
1968年2月21日	えびの地震	宮崎県南部山沿い	0km	M6.1	5	3	42	無し	N.A.
1962年4月30日	宮城県北部地震	宮城県北部	19km	M6.5	4	3	0	無し	N.A.
1993年1月15日	平成5年（1993年）釧路沖地震	釧路沖	101km	M7.5	6	2	966	無し	約20km
2003年9月26日	平成15年（2003年）十勝沖地震	十勝沖	45km	M8.0	6弱	2	849	有り	約50km
2001年3月24日	平成13年（2001年）芸予地震	安芸灘	46km	M6.7	6弱	2	43	無し	約20km
2007年3月25日	平成19年（2007年）能登半島地震	能登半島沖	11km	M6.9	6強	1	356	無し	約20km
1963年3月27日	越前岬沖地震	若狭湾	14km	M6.9	5	0	N.A.	無し	N.A.
1994年10月4日	平成6年（1994年）北海道東方沖地震	北海道東方沖	28km	M8.2	6	0	436	有り	約10km
2000年10月6日	平成12年（2000年）鳥取県西部地震	鳥取県西部	9km	M7.3	6強	0	182	無し	約20km
1982年3月21日	昭和57年（1982年）浦河沖地震	浦河沖	40km	M7.1	6	0	167	無し	約10km
1973年6月17日	1973年6月17日根室半島沖地震	根室半島南東沖	44km	M7.4	5	0	26	有り	N.A.
1968年4月1日	1968年日向灘地震	日向灘	22km	M7.5	5	0	15	有り	N.A.
1965年8月3日～	松代群発地震	N.A.	N.A.	M6.4	5	0	15	無し	N.A.
1972年12月4日	1972年12月4日八丈島東方沖	八丈島東方沖	54km	M7.2	6	N.A.	N.A.	無し	約3km

（注）気象庁が命名を開始する1960年以前に発生した福井地震（1948年）および南海地震（1946年）は、「通称名」として記載。

1 工業部門における物的な直接被害の推計

　図4-3は、経済産業省『平成22年　工業統計メッシュデータ』に収録されている「製造品等出荷額」のデータを整理して図示したものです。図4-3では、首都圏における製造品等出荷額（万円）を1kmメッシュごとに示し、出荷額の多寡によって色分けをしたものです。赤色に近いメッシュほど製造品等出荷額が大きく、緑色に近いメッシュほど製造品等出荷額が小さいことを表しています。また、図4-3では、震源地と想定した東京都千代田区虎ノ門周辺震から半径5kmおきに同心円を描きました。図4-3が示しているように、工業部門の生産活動はある特定の地域やエリアに偏って行われているわけではありません。ある種、均一に工業部門の生産活動が行われていると言えます。以下では、震源から5kmごとの同心円内において、それぞれとの程度の直接被害額が見込まれるのかを推計しました。

　震源地と想定した東京都千代田区虎ノ門周辺から半径30km圏内の工業部

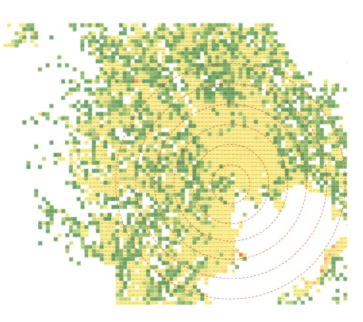

図4-3　製造品等出荷額の分布[8]

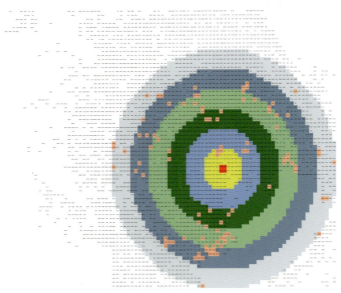

図4-4　震源から半径30km圏内における製造品等出荷額の分布[8]

門の生産活動、具体的には製造品等出荷額がどのように分布しているのかを、図を用いて概観します。図4-4は、震源から30km圏内に含まれる同心円を色分けし、30km圏内に位置するメッシュのうち、製造品等出荷額が大きい上位100のメッシュを色付けして表したものです。推計を行った結果、半径5km圏内（黄色のエリア）から半径30km圏内（薄青のエリア）までの直接被害額は、震源から5kmまでのエリアが5,986億円/年、5kmから10kmまでのエリアが1兆453億円/年、10kmから15kmまでのエリアが2兆8,517億円/年、15kmから20kmまでのエリアが5兆4,603億円/年、20kmから25kmまでのエリアが3兆9,957億円/年、25kmから30kmまでのエリアが2兆7,938億円/年であることがわかりました。さらに図4-4では、製造品等出荷額が30km圏内で上位100位以内に入っているメッシュのうち、38ものメッシュが震源から15〜20km圏内に位置していることもわかりました。

　表4-6は、震源から5km圏内、5〜10km圏内、10〜15km圏内、15〜20km圏内、20〜25km圏内、25〜30km圏内のそれぞれのエリアで、1km^{2}あたりの製

造品等出荷額を産業別にまとめたものです。表4-6から、15〜20km圏内について2つの特徴を読み取ることができます。第1点目は、15〜20km圏内における1km²あたりの製造品等出荷額は、他の地域と比べて最も大きいということです。第2点目は、15〜20km圏内の製造品等出荷額のうち、「石油製品・石炭製品製造業」の占める割合が21.9%と最も高く、金額も約21億円と全体の中で突出して高い値を示しています。以上から、15〜20km圏内では「石油製品・石炭製品製造業」に該当する生産活動が活発であり、そのことが15〜20km圏内の直接被害額を押し上げているということがわかりました。このように、工業部門における直接被害額は、区域の産業構成による影響を大きく受けます。

表4-6　1km²あたりの製造品等出荷額（震源地からの距離別）[8]

	産業分類	5km		5〜10km		10〜15km		15〜20km		20〜25km		25〜30km	
1	飲食料品製造業	58,313	7.7%	73,406	12.9%	45,310	6.3%	104,640	10.9%	113,118	17.9%	70,728	18.7%
2	繊維工業	16,310	2.1%	10,929	1.9%	4,901	0.7%	3,026	0.3%	1,472	0.2%	1,279	0.3%
3	パルプ・紙・木製品製造業	24,786	3.3%	29,060	5.1%	22,824	3.2%	29,831	3.1%	21,840	3.5%	10,192	2.7%
4	化学工業	12,193	1.6%	68,401	12.0%	34,632	4.8%	131,850	13.7%	46,413	7.3%	40,348	10.7%
5	石油製品・石炭製品製造業	0	0.0%	2,716	0.5%	1,747	0.2%	210,690	21.9%	59,761	9.5%	10,313	2.7%
6	プラスチック・ゴム製品製造業	5,851	0.8%	20,621	3.6%	33,002	4.6%	40,643	4.2%	22,736	3.6%	11,223	3.0%
7	窯業・土石製品製造業	7,629	1.0%	19,829	3.5%	16,579	2.3%	16,834	1.8%	8,644	1.4%	9,892	2.6%
8	鉄鋼業	3,060	0.4%	18,153	3.2%	35,950	5.0%	101,026	10.5%	54,739	8.7%	17,448	4.6%
9	非鉄金属製造業	6,177	0.8%	5,675	1.0%	12,303	1.7%	9,756	1.0%	14,198	2.2%	4,380	1.2%
10	金属製品製造業	7,825	1.0%	37,096	6.5%	38,857	5.4%	49,529	5.1%	25,379	4.0%	18,834	5.0%
11	はん用機械器具製造業	11,397	1.5%	18,304	3.2%	16,011	2.2%	16,875	1.8%	37,420	5.9%	4,815	1.3%
12	生産用機械器具製造業	5,950	0.8%	24,589	4.3%	41,229	5.7%	32,870	3.4%	13,307	2.1%	17,156	4.5%
13	業務用機械器具製造業	13,214	1.7%	24,298	4.3%	38,310	5.3%	21,635	2.2%	20,650	3.3%	8,767	2.3%
14	電子部品・デバイス・電子回路製造業	9,793	1.3%	6,047	1.1%	13,166	1.8%	24,023	2.5%	12,958	2.1%	22,174	5.9%
15	電気機械器具製造業	10,638	1.4%	22,414	3.9%	28,108	3.9%	28,550	3.0%	41,298	6.5%	25,706	6.8%
16	情報通信機械器具製造業	8,561	1.1%	9,505	1.7%	96,763	13.5%	46,704	4.9%	57,630	9.1%	15,975	4.2%
17	輸送用機械器具製造業	1,400	0.2%	14,316	2.5%	103,882	14.5%	23,004	2.4%	40,529	6.4%	64,553	17.1%
18	その他の製造業	559,104	73.4%	165,603	29.0%	134,426	18.7%	70,301	7.3%	39,972	6.3%	24,094	6.4%
	合計	762,204	100.0%	570,962	100.0%	717,999	100.0%	961,786	100.0%	632,063	100.0%	377,878	100.0%

（単位：万円）

2　工業部門における人的な直接被害の推計

　本項では、経済産業省『平成22年　工業統計メッシュデータ』に収録されている「製造業従事者数」のデータを用いて、工業部門について首都直下地震発生にともなう人的な直接被害の規模を推計します。

　はじめに、震源から30km圏内において工業部門の製造業従事者がどのように分布しているのかを、図を用いて概観します。図4-5は、首都圏における製造業従事者の数を1kmメッシュごとに示し、従業者数の多寡によって色分けをしたものです。図4-5と図4-3を比較すると、製造業従事者数の分布は製造品等出荷額の分布に比べて赤色に色分けしたメッシュ、言い換えると製造業従事者が集中している地域が多数存在することが分かります。しかし、赤色に色分けしたメッシュが隣接して存在しているわけではなく、その分布状況に何か特徴的な特性を図4-5からだけでは見出すことはできません。そこで、製造業従事者の分布状況がより明示的にわかるように、製造業従業者数が特に多いメッシュがどこに位置しているのかを色付けによって可視化したのが図4-6です。図4-6は、震源から30km圏内に含まれる同心円を色分けし、30km圏内に位置するメッシュのうち、製造業従事者数が多い上位100のメッシュを色付けして表しています。データを集計した結果、半径5km圏内（黄色のエリア）から半径30km圏内（薄青のエリア）における製造業従事者数は、震源から5kmまでのエリアが30,211人、5kmから10kmまでのエリアが66,526人、10kmから15kmまでのエリアが103,520人、15kmから20kmまでのエリアが122,001人、20kmから25kmまでのエリアが123,109人、25kmから30kmまでのエリアが93,345人でした。また、製造品等出荷額の上位100のメッシュのうち38のメッシュが存在した15〜20km圏内には、製造業従業者数が多い上位100のメッシュの内28のメッシュが存在していました。このことは、15〜20km圏内における製造業従事者の数は、同圏内における製造品等出荷額に対して相対的に少ないということを示しています。

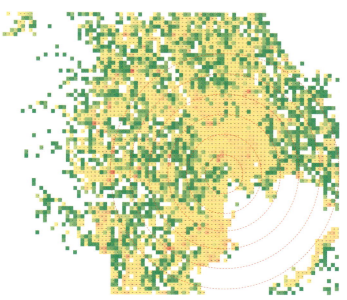

図4-5　製造業従事者の分布[8]

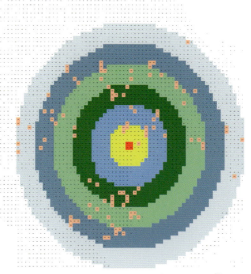

図4-6　震源から半径30km圏内における製造業従事者の分布[8]

4章　首都直下地震による経済損失の推計

15〜20km圏内における製造業従事者数がなぜ製造品等出荷額に対して相対的に少ないのかを明らかにするため、エリア別の産業構造を具体的に明らかにします。表4-7は、震源から5km圏内、5〜10km圏内、10〜15km圏内、15〜20km圏内、20〜25km圏内、25〜30km圏内のそれぞれのエリアで、1km^{2}あたりの製造業従事者数を産業別に整理したものです。表4-7から、15〜20km圏内における「石油製品・石炭製品製造業」の平均従業者数が3人であることがわかります。このことは、「石油製品・石炭製品製造業」では製造品等出荷額の規模に対して必要な労働力が少ないということを意味しています。「石油製品・石炭製品製造業」は労働集約的な産業ではないので当然と言えば当然の帰結です。つまり、製造品等出荷額の大きさは製造業従事者の数と必ずしも比例関係にあるわけではないということです。工業部門の人的被害は、その産業がいかに労働集約的な産業であるのかに依存して決まるということです。

　震源から30km圏内に存在する産業がどの程度労働集約的であるのかを検証するために、工業部門の製造品等出荷額と製造業従事者数がどの程度相関しているのかを分析しました。表4-8は、表4-6と表4-7の数値をもとに、各圏内の製造品等出荷額と製造業従事者数の相関係数を計算してまとめたものです。相関係数とは、2変数間の関連性の強弱を示す係数で、0に近いほど相関関係が弱く、1に近いほど相関関係が強いことを表しています。表4-8から明らかなように、15〜20km圏内を除いて0.7以上という強い正の相関関係が製造品等出荷額と製造業従事者数の間にあります。相関関係が高いということは、製造品等出荷額が大きい産業には多くの製造業従事者が従事していることを意味します。言い換えると、相関係数が高いエリアには労働集約的な産業が多く存在していることを意味しています。一方、15〜20km圏内は製造品等出荷額と製造業従事者数との間の相関係数は0.2187という弱い正の相関関係が存在しています。このことは、15〜20km圏内には、労働集約的ではなく資本集約的な産業が多く存在していることを意味しています。

表4-7 1km^{2}あたりの製造業従事者数（震源地からの距離別）[8]

	産業分類	5km		5〜10km		10〜15km		15〜20km		20〜25km		25〜30km	
1	飲食料品製造業	26	6.7%	28	9.9%	20	7.7%	32	14.5%	38	21.8%	25	23.0%
2	繊維工業	11	2.9%	9	3.3%	5	1.9%	2	1.1%	1	0.6%	1	0.9%
3	パルプ・紙・木製品製造業	14	3.7%	17	6.1%	11	4.3%	9	4.3%	7	4.1%	4	3.9%
4	化学工業	4	0.9%	18	6.4%	9	3.3%	14	6.5%	7	4.2%	4	4.1%
5	石油製品・石炭製品製造業	0	0.0%	0	0.2%	0	0.1%	3	1.2%	1	0.5%	0	0.2%
6	プラスティック・ゴム製品製造業	4	1.0%	15	5.4%	18	7.0%	16	7.1%	10	5.9%	5	4.7%
7	窯業・土石製品製造業	2	0.5%	6	2.2%	4	1.6%	4	2.0%	2	1.3%	3	2.6%
8	鉄鋼業	1	0.1%	3	1.2%	6	2.3%	14	6.2%	5	3.0%	3	2.6%
9	非鉄金属製造業	2	0.6%	2	0.7%	3	1.1%	3	1.2%	3	1.8%	1	1.1%
10	金属製品製造業	7	1.7%	26	9.2%	28	10.7%	26	11.7%	13	7.7%	9	8.2%
11	はん用機械器具製造業	4	1.1%	7	2.6%	7	2.7%	7	3.3%	12	6.6%	2	1.7%
12	生産用機械器具製造業	3	0.9%	16	5.7%	23	8.7%	16	7.3%	7	4.2%	8	7.2%
13	業務用機械器具製造業	7	1.8%	13	4.7%	15	5.9%	8	3.7%	6	3.6%	3	3.1%
14	電子部品・デバイス・電子回路製造業	4	0.9%	3	0.9%	6	2.4%	7	3.0%	4	2.3%	5	4.9%
15	電気機械器具製造業	5	1.3%	12	4.3%	14	5.2%	13	5.9%	13	7.3%	10	9.0%
16	情報通信機械器具製造業	2	0.4%	2	0.7%	21	8.0%	9	4.1%	16	9.0%	3	2.8%
17	輸送用機械器具製造業	0	0.1%	5	1.9%	25	9.5%	7	3.1%	8	4.4%	12	10.9%
18	その他の製造業	290	75.3%	98	34.8%	46	17.6%	31	13.8%	20	11.6%	10	9.2%
	合計	385	100.0%	282	100.0%	264	100.0%	222	100.0%	174	100.0%	108	100.0%

(単位：万円)

表4-8 相関係数表：1km^{2}当たりの製造品等出荷額と製造業従事者数との相関関係[8]

5km	5〜10km	10〜15km	15〜20km	20〜25km	25〜30km
0.9996	0.9584	0.8526	0.2187	0.7446	0.8410

3 商業部門における物的な直接被害の推計

経済産業省『平成26年 商業統計メッシュデータ』に収録されている「年間販売額」のデータを用いて、商業部門について首都直下地震発生にともなう物的な直接被害額を推計します。なお、商業統計メッシュデータには商業従事者のデータが収録されていないため、推計可能なのは物的な直接被害額

のみです。はじめに、震源から30km圏内において商業部門の生産活動がどのような分布になっているのかを、図を用いて概観します。図4-7は、首都圏における年間販売額を1kmメッシュごとに示し、販売額の多寡によって色付けしたものです。図4-7では、赤色に色分けしたメッシュが震源付近に集中しており、震源から離れるほど年間販売額が小さくなっている傾向を読み取ることができます。この状況は、工業部門とは明確に異なっています。そこで、震源地付近とその周辺で、年間販売額にどの程度の差があるのか、明示的にわかるように年間販売額が特に多いメッシュを色付けして可視化したのが図4-8です。図4-8は、震源から30km圏内に含まれる同心円を色分けし、30km圏内に位置するメッシュのうち、年間販売額が大きい上位100のメッシュを色付けして表したものです。データを集計した結果、半径5km圏内(黄色のエリア)から半径30km圏内(薄青のエリア)における年間販売額は、震源から5kmまでのエリアが5兆9,896億円/年、5kmから10kmまでのエリアが3兆5,185億円/年、10kmから15kmまでのエリアが2兆9,391億円/年、15kmから20kmまでのエリアが9,910億円/年、20kmから25kmまでのエリアが7,773億円/年、25kmから30kmまでのエリアが1兆1,535億円/年でした。つまり、震源から10km圏内に商業活動が集中しており、その地域の年間販売額は約10兆円で、その規模は震源地から30km圏内の商業活動全体の6割以上を占めています。このことは、首都直下地震によって震源地から10km圏内の商業活動がすべて停止すれば、商業部門だけで約10兆円規模の直接被害額が発生することを意味しています。また、図4-8が示しているように、震源に近いエリアに年間販売量が多い色の濃いメッシュが多数存在しています。正確には、震源から5km圏内には年間販売額の上位100のメッシュのうち42ものメッシュが存在していました。首都圏の商業部門の経済活動が都心に集中していることがわかります。

　表4-9は、1km^{2}あたりの年間販売額を震源地からの距離別にまとめたものです。震源から5km圏内の年間販売額が約763億円であるのに対し、5～10km圏内は約149億円、10～15km圏内は約75億円と震源から離れるほど、1km^{2}あたりの年間販売額が小さくなっていることがわかります。また、震源から5km圏内における商業部門の1km^{2}あたりの年間販売額が他の地域と比較して、突出して高いことを上記の数字は示しています。

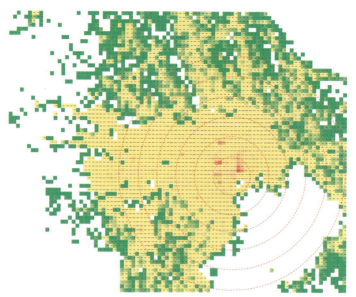

図4-7 年間販売額の分布[9]

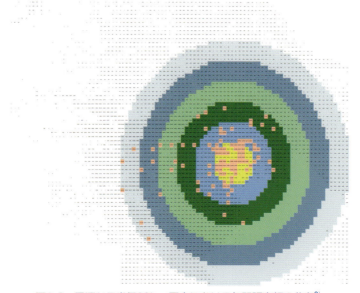

図4-8 震源から半径30km圏内における年間販売額の分布[9]

4章 首都直下地震による経済損失の推計

表4-9 1km²あたりの年間販売額(震源地からの距離別)[9]

半径（km）	5km	5〜10km	10〜15km	15〜20km	20〜25km	25〜30km
年間販売額	7,626,141	1,493,324	748,430	180,249	109,965	133,521

(単位:万円)

4-3　首都直下地震の間接被害の推計

　本節では、4-1で概説した産業連関表を用いて、首都直下地震発生にともなう間接被害額の推計を行います。首都直下地震発生にともなう間接被害額の大きさは、(i) 被災した企業の生産規模、(ii) 被災した企業の生産活動が他の企業とどの程度結びついているか、という2つの要素で決まります。つまり、自然災害による被災である企業の生産が減少すると、その企業の生産規模が大きければ大きい程、その企業の生産に必要な財やサービスを納入している企業が被る影響は大きくなります。また、被災した企業の生産活動が他の企業から提供される財やサービスに依存していればいる程、被災企業の生産減少が財やサービス納入企業へ与える影響は大きいものとなります。言い換えると、他産業との結びつきが強い企業や産業が存在する地域では、自然災害の被災によって発生する間接被害額も大きなものとなります。

　本節では、前項で推計した産業別の直接被害額に、産業連関表から導出された産業別の列和を掛け合わせることで、首都直下地震発生にともなう間接被害額を推計します。4-1で概説したように、列和とは「ある産業に1単位の需要が生じたとき、各産業の生産が最終的に何単位増加するのか」を表す係数です。言い換えれば、列和は「ある産業における生産が1単位減少（増加）したとき、各産業の生産が最終的に何単位減少（増加）するのか」を表す係数です。つまり、各産業の直接被害額に産業別の列和を掛け合わせることで、各産業における生産額の減少がどの程度の間接被害を発生させるのかを推計することができます。

　本節では、東京都『平成23年　産業連関表』の「地域内表」および「地域間表」から導出された2種類の列和を使用して、間接被害額の推計を行います。ここで地域内表とは、産業間の経済取引を、東京都内で行われた取引に限定

して集計した産業連関表を指します。そのため、地域内表から導出された列和は、「ある産業における生産が1単位減少（増加）したとき、東京都内における各産業の生産が最終的に何単位減少（増加）するのか」を表しています。よって、地域内表から導出された産業別の列和を、産業別の直接被害額に掛け合わせることで、首都直下地震の発生が東京都内の経済活動に及ぼす間接被害額を推計することができます。本節では、上記の手順で推計された間接被害額を、「間接被害額（都内）」と記します。一方で、地域間表は、産業間の経済取引を、他道府県との間で行われた取引も含めて集計した産業連関表です。そのため、地域間表から導出された列和は、「ある産業における生産が1単位減少（増加）したとき、全国における各産業の生産が最終的に何単位減少（増加）するのか」を表しています。地域間表から導出された産業別の列和を、産業別の直接被害額と掛け合わせることで、首都直下地震の発生が全国の経済活動に及ぼす間接被害額を推計することができます。本節では、上記の手順で推計した間接被害額を「間接被害額（全国）」と記します。

　以下に示す図4-9は、『平成23年　東京都産業連関表』の地域内表および地域間表から導出された列和を、それぞれ産業別に表したものです。なお以下では、地域内表から導出された列和を「列和（都内）」、地域間表から導出された列和を「列和（全国）」と記します。列和（都内）が大きい産業を順に並べると、電子部品・デバイス・電子回路製造業（1.411）、情報通信機械器具製造業（1.393）、繊維工業（1.385）および化学工業（1.385）となります。一方で、列和（全国）が大きい産業を順に並べると、鉄鋼業（2.940）、輸送用機械器具製造業（2.783）および電子部品・デバイス・電子回路製造業（2.369）となります。このように、都内の企業同士の結びつきと都内の企業と都外の企業との結びつきとでは異なります。東京都内の経済活動が被災によってダメージを受けた場合、その影響を受ける産業も都内と都外（全国）とでは異なるということです。

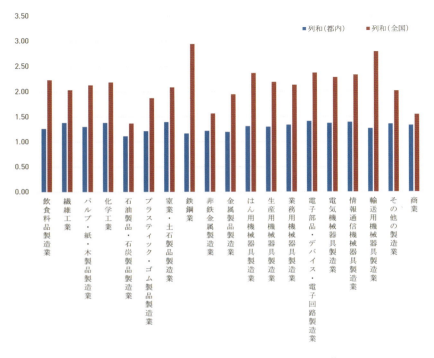

図4-9 工業部門および商業部門における列和[10]

1 工業部門の生産停止にともなう間接被害(都内)の推計

　本項では、東京都『平成23年　産業連関表』の「地域内表」から導出された列和(都内)を用いて、工業部門について首都直下地震発生にともなう間接被害額(都内)の規模を推計します。はじめに、震源から30km圏内において工業部門で発生する直接被害が、都内の経済取引を通じてどの程度の間接被害額に結びつくのかを図を用いて概観します。

　図4-10は、工業部門で生産される最終財の供給が停止した場合に、波及的に発生する間接被害額(都内)の総額を各メッシュごとに示し、間接被害額(都内)の総額の多寡によってメッシュの色分けをしたものです。赤色に近いメッシュほど間接被害額(都内)が大きく、緑色に近いメッシュほど間接被害額(都内)が小さいことを表しています。

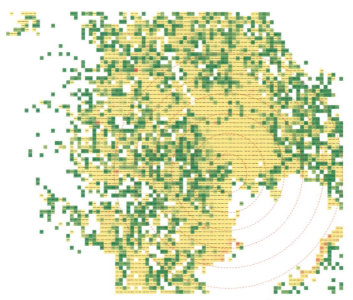

図4-10　間接被害額(都内)の分布(工業部門)[8]

　図4-10が示しているように、30km圏内で突出して間接被害額（都内）が大きいメッシュは存在せず、大きな間接被害を発生させるメッシュが特定の地域に偏っているわけではありません。以下では、震源から5kmごとの同心円内において、それぞれどの程度の間接被害額（都内）が見込まれるのかを推計しました。

　図4-11は、震源から30km圏内に含まれる同心円を色分けし、30km圏内に位置するメッシュのうち、間接被害額（都内）が大きい上位100のメッシュを色付けして表したものです。推計の結果、半径5km圏内（黄色のエリア）から半径30km圏内（薄青のエリア）における間接被害額（都内）は、震源から5kmまでのエリアが8,056億円／年、5kmから10kmまでのエリアが1兆7,762億円／年、10kmから15kmまでのエリアが3兆7,056億円／年、15kmから20kmまでのエリアが6兆6,733億円／年、20kmから25kmまでのエリアが5兆7,410億円／年、25kmから30kmまでのエリアが4兆2,518億円／年でした。さらに図4-11から、間接被害額（都内）が30km圏内で上位100位以内に入っているメッシュのうち、36

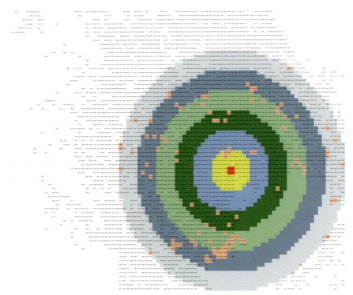

図4-11　震源から半径30km圏内における間接被害額の分布(工業部門)[8]

のメッシュが15kmから20kmまでのエリアに位置しているということがわかりました。つまり、15kmから20kmの地域にある工業部門の生産活動の波及効果が最も大きいということです。

　表4-10は、震源から5km圏内、5〜10km圏内、10〜15km圏内、15〜20km圏内、20〜25km圏内、25〜30km圏内のそれぞれのエリアで、1km^{2}あたりの間接被害額（都内）について産業別にまとめたものです。表4-10から、間接被害額（都内）の総額は、震源から5km圏内で1km^{2}あたり102億5,735万円、5〜10km圏内で75億3,827万円、10〜15km圏内で94億3,628万円、15〜20km圏内で121億3,812万円、20〜25km圏内で81億2,188万円、25〜30km圏内で49億2,142万円であることがわかります。つまり、1km^{2}あたりの間接被害額（都内）は15〜20km圏内で最も大きいものでした。

　直接被害額が大きければ大きい程、間接被害額も大きいはずです。このことを確認するために、震源から30km圏内に存在するメッシュの直接被害額と間接被害額（都内）がどの程度相関しているのかを検証しました。表4-11は、各

表4-10　工業部門における1km²あたりの間接被害額（都内）（震源地からの距離別）[8]

	産業分類	5km		5～10km		10～15km		15～20km		20～25km		25～30km	
1	飲食料品製造業	74,037	7.2%	93,199	12.4%	57,528	6.1%	132,856	10.9%	143,620	17.7%	89,800	18.2%
2	繊維工業	22,582	2.2%	15,132	2.0%	6,786	0.7%	4,190	0.3%	2,038	0.3%	1,771	0.4%
3	パルプ・紙・木製品製造業	32,402	3.2%	37,989	5.0%	29,837	3.2%	38,997	3.2%	28,551	3.5%	13,323	2.7%
4	化学工業	16,889	1.6%	94,741	12.6%	47,968	5.1%	182,625	15.0%	64,286	7.9%	55,886	11.4%
5	石油製品・石炭製品製造業	0	0.0%	3,040	0.4%	1,955	0.2%	235,754	19.4%	66,870	8.2%	11,540	2.3%
6	プラスティック・ゴム製品製造業	7,139	0.7%	25,160	3.3%	40,267	4.3%	49,590	4.1%	27,741	3.4%	13,693	2.8%
7	窯業・土石製品製造業	10,667	1.0%	27,726	3.7%	23,181	2.5%	23,538	1.9%	12,086	1.5%	13,832	2.8%
8	鉄鋼業	3,577	0.3%	21,222	2.8%	42,029	4.5%	118,107	9.7%	63,995	7.9%	20,398	4.1%
9	非鉄金属製造業	7,558	0.7%	6,943	0.9%	15,053	1.6%	11,937	1.0%	17,371	2.1%	5,358	1.1%
10	金属製品製造業	9,396	0.9%	44,545	5.9%	46,660	4.9%	59,474	4.9%	30,475	3.8%	22,617	4.6%
11	はん用機械器具製造業	14,962	1.5%	24,029	3.2%	21,018	2.2%	22,154	1.8%	49,125	6.0%	6,321	1.3%
12	生産用機械器具製造業	7,741	0.8%	31,990	4.2%	53,637	5.7%	42,763	3.5%	17,312	2.1%	22,320	4.5%
13	業務用機械器具製造業	17,709	1.7%	32,563	4.3%	51,342	5.4%	28,994	2.4%	27,675	3.4%	11,749	2.4%
14	電子部品・デバイス・電子回路製造業	13,818	1.3%	8,533	1.1%	18,577	2.0%	33,898	2.8%	18,284	2.3%	31,288	6.4%
15	電気機械器具製造業	14,621	1.4%	30,808	4.1%	38,634	4.1%	39,241	3.2%	56,764	7.0%	35,332	7.2%
16	情報通信機械器具製造業	11,927	1.2%	13,242	1.8%	134,805	14.3%	65,065	5.4%	80,286	9.9%	22,255	4.5%
17	輸送用機械器具製造業	1,778	0.2%	18,174	2.4%	131,881	14.0%	29,204	2.4%	51,453	6.3%	81,953	16.7%
18	その他の製造業	758,930	74.0%	224,791	29.8%	182,470	19.3%	95,427	7.9%	54,259	6.7%	32,706	6.6%
	合計	1,025,735	100.0%	753,827	100.0%	943,628	100.0%	1,213,812	100.0%	812,188	100.0%	492,142	100.0%

(単位:万円)

表4-11　相関係数表：1km²当たりの直接被害額と間接被害額（都内）[8]

5km	5～10km	10～15km	15～20km	20～25km	25～30km
1.000	0.9991	0.9979	0.9230	0.9938	0.9978

圏内における1km²当たりの直接被害額と1km²当たりの間接被害額（都内）の相関係数を計算してまとめたものです。表4-11から、全てのエリアにおいて0.9以上という強い正の相関関係が1km²当たりの直接被害額と1km²当たりの間接被害額（都内）の間にあることがわかりました。すなわち、工業部門で生産されている最終財の供給停止によって波及的に発生する間接被害額（都内）は、直接被害額の規模と強く結び付いているのです。

2　工業部門の生産停止にともなう間接被害（全国）の推計

次に、東京都『平成23年　産業連関表』の「地域間表」から導出された列和（全国）を用いて、工業部門について首都直下地震にともなう間接被害額（全国）の規模を推計します。はじめに、震源から30km圏内において工業部門で発生する直接被害が、都道府県間の経済取引を通じてどの程度の間接被害額に結びつくのかを図を用いて概観します。

図4-12は、工業部門で生産される最終財の供給が停止した場合に、波及的に発生する間接被害額（全国）の総額を各メッシュごとに示し、間接被害額（全国）の総額の多寡によってメッシュの色分けをしたものです。赤色に近いメッシュほど間接被害額（全国）が大きく、緑色に近いメッシュほど間接被害額（全国）が小さいことを表しています。図4-12が示しているように、30km圏内で赤色に近いメッシュは存在せず、全国の経済活動に大きな間接被害額（全国）を発生させるエリアは、図4-12からだけでは判断が困難です。そこで、間接被害額（全国）が大きな地域がより明示的にわかるように、間接被害額（全国）が大きいメッシュがどこに位置しているのかを色付けして可視化したのが図4-13です。

図4-13は、震源から30km圏内に含まれる同心円を色分けし、30km圏内に位置するメッシュのうち、間接被害額（全国）が大きい上位100のメッシュを色付けして表したものです。推計の結果、半径5km圏内（黄色のエリア）から半径30km圏内（薄青のエリア）における間接被害額（全国）は、震源から5kmまでのエリアが1兆2,321億円/年、5kmから10kmまでのエリアが2兆8,882億円/年、10kmから15kmまでのエリアが6兆3,824億円/年、15kmから20kmまでのエリアが10兆9,710億円/年、20kmから25kmまでのエリアが9兆8,483億円/年、25kmから30kmまでのエリアが7兆4,772億円/年であることがわかりました。さらに図4-13では、間接被害額（全国）が30km圏内で上位100位以内に入っているメッシュのうち、34のメッシュが15〜20km圏内に位置しているということがわかりました。つまり、15kmから20kmの地域にある工業部門の生産活動の波及効果が最も大きいということです。

表4-12は、1km^{2}あたりの間接被害額（全国）を震源からの距離別にまとめたものです。表4-12から、1km^{2}あたりの間接被害額（全国）の総額が大きいエリ

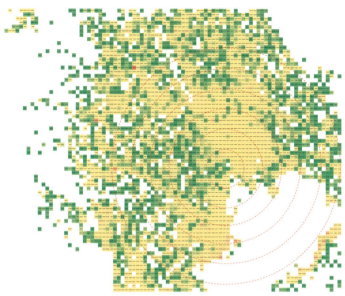

図4-12 間接被害額(全国)の分布[8]

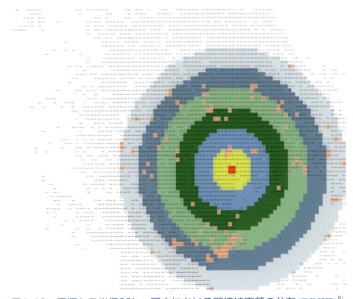

図4-13 震源から半径30km圏内における間接被害額の分布(工業部門)[8]

4章 首都直下地震による経済損失の推計

アを順に並べると、15〜20km圏内の199億5,531万円、10〜15km圏内の162億5,277万円、震源から5km圏内の156億8,706万円となります。つまり、1km²あたりの間接被害額（全国）は、15〜20km圏内で最も大きいものでした。この点は、工業部門における直接被害額の推計結果と同じです。一方で、10〜15km圏内の間接被害額（全国）が震源から5km圏内の間接被害額（全国）を上回っている点は、工業部門における直接被害額の推計結果とは異なる結果です。なぜこのような違いが生じるのかを検証するため、以下では表4-12を用いて各エリアの間接被害額（全国）を産業別に分析します。

　表4-12で示されているように、震源から5km圏内では、1km²あたりの間接被害額（全国）のうち71.7％を「その他の製造業」が占めています。「その他の製造業」の列和（全国）は2.013であり、この値は工業部門に該当する18産業の中で5番目に小さい値です。すなわち、「その他の製造業」の生産活動は、工業部門の中では他産業との結びつきが弱い産業なのです。そのため、「その他の製造業」が被災しても、他産業に与える間接被害額は小規模にとどまります。一方で、震源から10〜15km圏内における1km²あたりの間接被害額（全国）は、「輸送用機械器具製造業」の占める割合が17.8％と最も大きく、「その他の製造業」(16.6％)、「情報通信機械器具製造業」(13.9％)と続いています。「輸送用機械器具製造業」および「情報通信機械器具製造業」の列和（全国）はそれぞれ2.783および2.331であり、これらの値は、工業部門に該当する18産業の中で2番目および4番目に大きい値です。すなわち、「輸送用機械器具製造業」および「情報通信機械器具製造業」の生産活動は、工業部門の中では他産業との結びつきが強い産業です。そのため、「輸送用機械器具製造業」および「情報通信機械器具製造業」が被災すると、他産業に大規模な間接被害が発生します。以上から、10〜15km圏内の間接被害額（全国）が震源から5km圏内の間接被害額（全国）を上回った理由は、10〜15kmに他産業との結びつきが強い産業が多く存在しているためと考えられます。このように、間接被害額（全国）の規模は、エリア内で発生する直接被害額の規模だけでなく、エリア内の生産活動が他産業とどのくらい強く結びついているかによって決まります。そこで以下では、震源から30km圏内に存在するメッシュの直接被害額と間接被害額（全国）が、どの程度相関しているのかを検証しました。

表4-12　工業部門における1km²あたりの間接被害額(全国)(震源地からの距離別)[8]

	産業分類	5km		5〜10km		10〜15km		15〜20km		20〜25km		25〜30km	
1	飲食料品製造業	130,353	8.3%	164,090	13.4%	101,286	6.2%	233,911	11.7%	252,863	18.1%	158,105	18.3%
2	繊維工業	33,246	2.1%	22,278	1.8%	9,991	0.6%	6,168	0.3%	3,000	0.2%	2,607	0.3%
3	パルプ・紙・木製品製造業	52,873	3.4%	61,990	5.1%	48,687	3.0%	63,635	3.2%	46,588	3.3%	21,741	2.5%
4	化学工業	26,684	1.7%	149,691	12.2%	75,790	4.7%	288,547	14.5%	101,571	7.3%	88,300	10.2%
5	石油製品・石炭製品製造業	0	0.0%	3,727	0.3%	2,397	0.1%	289,080	14.5%	81,996	5.9%	14,151	1.6%
6	プラスチック・ゴム製品製造業	10,965	0.7%	38,648	3.2%	61,853	3.8%	76,173	3.8%	42,612	3.1%	21,034	2.4%
7	窯業・土石製品製造業	15,918	1.0%	41,372	3.4%	34,591	2.1%	35,123	1.8%	18,035	1.3%	20,640	2.4%
8	鉄鋼業	8,996	0.6%	53,364	4.4%	105,681	6.5%	296,983	14.9%	160,916	11.5%	51,291	5.9%
9	非鉄金属製造業	9,682	0.6%	8,894	0.7%	19,282	1.2%	15,290	0.8%	22,251	1.6%	6,864	0.8%
10	金属製品製造業	15,217	1.0%	72,138	5.9%	75,564	4.6%	96,316	4.8%	49,353	3.5%	36,626	4.2%
11	はん用機械器具製造業	26,972	1.7%	43,319	3.5%	37,891	2.3%	39,938	2.0%	88,560	6.4%	11,396	1.3%
12	生産用機械器具製造業	13,021	0.8%	53,806	4.4%	90,216	5.6%	71,925	3.6%	29,118	2.1%	37,541	4.3%
13	業務用機械器具製造業	28,148	1.8%	51,755	4.2%	81,603	5.0%	46,084	2.3%	43,987	3.2%	18,675	2.2%
14	電子部品・デバイス・電子回路製造業	23,201	1.5%	14,326	1.2%	31,191	1.9%	56,913	2.9%	30,698	2.2%	52,531	6.1%
15	電気機械器具製造業	24,249	1.5%	51,094	4.2%	64,072	3.9%	65,080	3.3%	94,140	6.8%	58,596	6.8%
16	情報通信機械器具製造業	19,953	1.3%	22,153	1.8%	225,515	13.9%	108,848	5.5%	134,311	9.6%	37,230	4.3%
17	輸送用機械器具製造業	3,897	0.2%	39,841	3.3%	289,103	17.8%	64,019	3.2%	112,792	8.1%	179,652	20.8%
18	その他の製造業	1,125,332	71.7%	333,317	27.2%	270,565	16.6%	141,498	7.1%	80,454	5.8%	48,496	5.6%
	合計	1,568,706	100.0%	1,225,803	100.0%	1,625,277	100.0%	1,995,331	100.0%	1,393,244	100.0%	865,476	100.0%

(単位:万円)

表4-13　相関係数表:1km²当たりの直接被害額と間接被害額(全国)[8]

5km	5〜10km	10〜15km	15〜20km	20〜25km	25〜30km
0.9999	0.9873	0.9970	0.9230	0.9602	0.9862

　表4-13は、各圏内における1km²当たりの直接被害額と1km²当たりの間接被害額（全国）の相関係数を計算してまとめたものです。表4-13から、全てのエリアにおいて0.9以上という強い正の相関関係が1km²当たりの直接被害額と1km²当たりの間接被害額（全国）の間にあることがわかりました。すなわち、工業部門の企業が被災することよって波及的に発生する間接被害額（全国）も、前項の分析結果と同様、直接被害額の規模に大きく依存しているのです。

3　商業部門の販売停止にともなう間接被害（都内）の推計

　本項では、東京都『平成23年　産業連関表』の「地域内表」から導出された列和（都内）を用いて、商業部門について首都直下地震発生にともなう間接被害額（都内）の規模を推計します。はじめに、震源から30km圏内において商業部門で発生する直接被害が、都内の経済取引を通じてどの程度の間接被害額に結びつくのかを、図を用いて概観します。

　図4-14は、商業部門で販売されている最終財の供給が停止した場合に、波及的に発生する間接被害額（都内）の総額を各メッシュについて示し、間接被害額（都内）の総額の多寡によってメッシュの色分けをしたものです。赤色に近いメッシュほど間接被害額（都内）が大きく、緑色に近いメッシュほど間接被害額（都内）が小さいことを表しています。図4-14では、赤色に色分けしたメッシュが震源付近に集中しており、震源から離れるほど間接被害額（都内）が小さくなっている傾向を読み取ることができます。この状況は、工業部門における分析結果とは明確に異なっています。そこで、震源地付近とその周辺で、間接被害額（都内）にどの程度の差があるのか、明示的にわかるように間接被害額（都内）が特に多いメッシュを色付けして可視化したのが図4-15です。図4-15は、震源から30km圏内に含まれる同心円を色分けし、30km圏内に位置するメッシュのうち、間接被害額（都内）が大きい上位100のメッシュを色付けして表したものです。

　データを集計した結果、半径5km圏内（黄色のエリア）から半径30km圏内（薄青のエリア）における間接被害額（都内）は、震源から5kmまでのエリアが7兆9,656億円/年、5kmから10kmまでのエリアが4兆6,794億円/年、10kmから15kmまでのエリアが3兆9,087億円/年、15kmから20kmまでのエリアが1兆3,179億円/年、20kmから25kmまでのエリアが1兆337億円/年、25kmから30kmまでのエリアが1兆5,341億円/年であることがわかりました。さらに図4-15から、間接被害額（都内）が30km圏内で上位100位以内に入っているメッシュのうち、半数に近い42のメッシュが震源から5km圏内に位置しているということがわかりました。つまり、震源から5km圏内にある商業部門の生産活動の波及効果が最も大きいということです。

　表4-14は、1km^{2}あたりの間接被害額（都内）を震源地からの距離別にまとめ

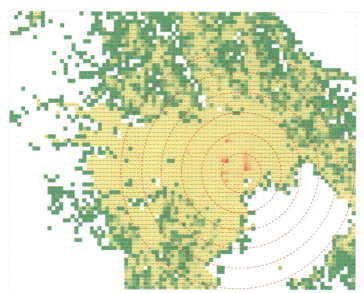

図4-14　間接被害額(都内)の分布(商業部門)[9]

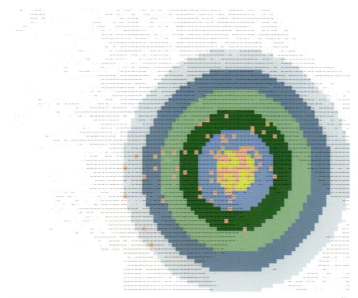

図4-15　震源から半径30km圏内における間接被害額の分布(商業部門)[9]

表4-14　商業部門における1km²あたりの間接被害額（都内）（震源地からの距離別）[9]

半径（km）	5km	5〜10km	10〜15km	15〜20km	20〜25km	25〜30km
間接被害額（都内）	10,142,082	1,985,987	995,344	239,714	146,244	177,571

（単位：万円）

たものです。震源から5km圏内の間接被害額（都内）が約1,014億円であるのに対し、5〜10km圏内は約198億円、10〜15km圏内は約99億円と震源から離れるほど、1km²あたりの間接被害額（都内）が小さくなっていることがわかります。加えて、震源から5km圏内における商業部門の1km²あたりの間接被害額（都内）が他の地域と比較して、突出して高いことを上記の数字は示しています。

4　商業部門の販売停止にともなう間接被害（全国）の推計

　本項では、東京都『平成23年　産業連関表』の「地域間表」から導出された列和（全国）を用いて、商業部門について首都直下地震発生にともなう間接被害額（全国）の規模を推計します。はじめに、震源から30km圏内において商業部門で発生する直接被害が、都道府県間の経済取引を通じてどの程度の間接被害額に結びつくのかを、図を用いて概観します。

　図4-16は、商業部門で販売されている最終財の供給が停止した場合に、波及的に発生する間接被害額（全国）の総額を各メッシュごとに示し、間接被害額（全国）の総額の多寡によってメッシュの色分けをしたものです。赤色に近いメッシュほど間接被害額（全国）が大きく、緑色に近いメッシュほど間接被害額（全国）が小さいことを表しています。図4-16でも図4-14と同様に、赤色に色分けしたメッシュが震源付近に集中しており、震源から離れるほど間接被害額（全国）が小さくなっている傾向を読み取ることができます。そこで、震源地付近とその周辺で、間接被害額（全国）にどの程度の差があるのか、明示的にわかるように間接被害額（全国）が特に多いメッシュを色付けして可視化したのが図4-17です。図4-17は、震源から30km圏内に含まれる同心円を色分けし、30km圏内に位置するメッシュのうち、間接被害額（全国）が大きい上位100のメッシュを色付けして表したものです。

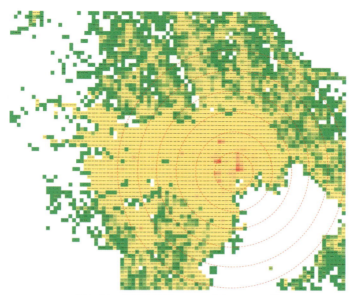

図4-16　間接被害額(全国)の分布(商業部門)[9]

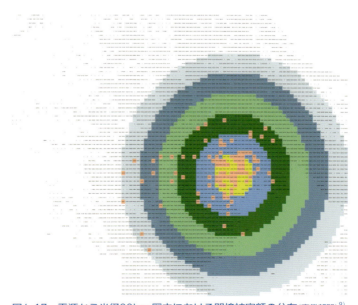

図4-17　震源から半径30km圏内における間接被害額の分布(商業部門)[9]

表4-15　商業部門における1km²あたりの間接被害額（全国）（震源地からの距離別）[9]

半径（km）	5km	5～10km	10～15km	15～20km	20～25km	25～30km
間接被害額（全国）	11,774,343	2,305,611	1,155,534	278,294	169,780	206,150

(単位：万円)

　データを集計した結果、半径5km圏内（黄色のエリア）から半径30km圏内（薄青のエリア）における間接被害額（全国）は、震源から5kmまでのエリアが9兆2,475億円/年、5kmから10kmまでのエリアが5兆4,325億円/年、10kmから15kmまでのエリアが4兆5,378億円/年、15kmから20kmまでのエリアが1兆5,300億円/年、20kmから25kmまでのエリアが1兆2,001億円/年、25kmから30kmまでのエリアが1兆7,810億円/年であることがわかりました。さらに図4-17から、間接被害額（全国）が30km圏内で上位100位以内に入っているメッシュのうち、42のメッシュが震源から5km圏内に位置しているということがわかりました。つまり、震源から5km圏内にある商業部門の生産活動の波及効果が最も大きいということです。

　表4-15は、1km²あたりの間接被害額（全国）を震源地からの距離別にまとめたものです。震源から5km圏内の間接被害額（全国）が約1,177億円であるのに対し、5～10km圏内は約231億円、10～15km圏内は約116億円と震源から離れるほど、1km²あたりの間接被害額（全国）は小さくなっていることがわかります。また、1km²あたりの間接被害額（全国）は5km圏内で突出して大きいものとなっています。

　本章では、産業連関表を用いて首都直下地震発生にともなう被害の推計を行いました。分析の結果、以下に示す3点の事実が明らかになりました。第1点目は、首都直下地震発生に伴う間接被害額の規模は、直接被害額の規模に大きく依存しているということです。直接被害額と間接被害額の相関係数を震源からの距離別に計算した結果、エリア内で発生する直接被害額が大きいほど、他産業に与える間接被害額の規模も大きくなる、ということがわかりました。第2点目は、工業部門の企業が被災した場合に波及的に発生する間接

被害の規模は、震源から15〜20km圏内で最も大きいということです。推計の結果、15〜20km圏内の間接被害額（都内）および間接被害額（全国）は、それぞれ6兆6,733億円/年と10兆9,710億円/年であることが判明しました。第3点目は、商業部門が被災した場合に波及的に発生する間接被害の規模は、震源から5km圏内が最も大きいということです。推計の結果、震源から5km圏内の間接被害額（都内）および間接被害額（全国）はそれぞれ7兆9,656億円/年と9兆2,475億円/年であることが判明しました。つまり、工業部門に関しては、震源から15〜20km圏内の企業の波及効果が、商業部門に関しては震源から5km圏内の企業の波及効果が最も大きく、間接被害を引き起こす企業の所在地が工業部門と商業部門とでは異なっているということが判明しました。

参考文献・引用文献

1) 佐藤主光・小黒一正「首都直下地震がマクロ経済に及ぼす影響についての分析」, *ESRI Discussion Paper Series* No.239, 2010。
2) 徳永澄憲・沖山充編著『大震災からの復興と地域再生のモデル分析──有効な財政措置と新産業集積の形成』文眞堂, 2014。
3) 総務省ホームページ。http://www.soumu.go.jp/toukei_toukatsu/data/io/system.htm
4) 徳井丞次・荒井信幸・川崎一泰他「東日本大震災の経済的影響──過去の災害との比較, サプライチェーンの寸断効果, 電力供給制約の影響」, *RIETI Policy Discussion Paper Series* 12, 2012。
5) 山崎雅人・倉田和己・仲条仁・曽根好徳「サプライチェーン寸断の影響を考慮した地域経済ハザードマップの開発」『土木計画学研究・講演集』第47回, 2013。
6) 中央防災会議「首都直下地震の被害想定と対策について（最終報告書）」2013。http://www.bousai.go.jp/jishin/syuto/taisaku_wg/index.html
7) 中央防災会議「首都直下地震の被害想定項目及び手法の概要──経済的被害」2013, p.7より抜粋。
8) 経済産業省「平成22年 工業統計メッシュデータ」をもとに筆者作成。
9) 経済産業省「平成26年 商業統計メッシュデータ」をもとに筆者作成。
10) 東京都「平成23年 産業連関表」をもとに筆者作成。

5章

首都直下地震の労働者及び生活者への影響

前章では、首都直下地震が財・サービスの生産・販売に関してどの程度の経済損失をもたらすのか、という点について推計を行いました。しかし、首都直下地震は財・サービスの生産・販売のみならず、首都圏で働く労働者や首都圏で生活する人たちの生活に大きな影響を及ぼします。特に、核家族化している現状では、高齢者世帯への影響は深刻なものと思われます。そこで本章では、首都直下地震が東京23区の労働者や高齢者にどの程度の影響をおよぼすのかを定量的に明らかにすることを試みます。

5-1　首都直下地震の労働者の生活に与える影響

　表5-1は、総務省「統計でみる市区町村のすがた2017」[1]をもとに東京都23区における労働市場の概況をまとめたものです。

　表5-1の①はそれぞれの区の人口総数、②はそれぞれの区の昼間人口です。人口総数とは、当該区に住民登録をしていてその区に居住している人たちの総数です。昼間人口とは、当該区で日中在宅しているか、当該区で就業する者および当該区に通学する者の総数を表しています。つまり、②の値が①の値よりも大きければ、当該区に出勤や通学で流入する人の数が、当該区から他地域に出勤・通学で流出する人の数を上回っている、ということになります。地震が起こった場合、人口総数と昼間人口との差に注目することで、地震が他地域から流入する人々にどの程度の影響を与えるのか予測することができます。例えば、表5-1では最も昼間人口が人口総数を上回っているのが千代田区で、出勤や通学で多くの人々が千代田区に流入していることがわかります。日中の流入者数が流出者数を上回っている区（②-①が正の値である区）は12区あり、昼間人口と人口総数の差が大きい順に、千代田区、港区、板橋区、中央区、目黒区、新宿区、墨田区、豊島区、北区、文京区、練馬区、渋谷区、となっています。一方、日中の流出者数が流入者数を上回っている区（②-①が負の値である区）は11区あり、昼間人口と人口総数の差が大きい順に、江戸川区、大田区、中野区、葛飾区、足立区、世田谷、品川区、荒川区、台東区、杉並区、文京区、となっています。

　人口総数（①）と昼間人口（②）の差には、通学目的など非労働力として移

表5-1 東京23区における人口動態[1]

	①人口総数(人)	②昼間人口(人)	③区内で働いている労働者数(人)	④自区内で働いている労働者数(人)	⑤潜在的帰宅困難者数(③-④)(人)	⑥潜在的帰宅困難労働者割合(⑤/③)	⑦個人商店関連労働者(人)	⑧個人商店関連労働者割合(⑦/③)	⑨商業従事者数(人)	⑩製造業従事者数(人)
	2015	2010	2010	2010	2010		2010		2014	2014
千代田区	58,406	819,247	725,446	12,027	713,419	98.3%	2,228	0.3%	121,760	2,066
板橋区	141,183	605,926	550,870	27,049	523,821	95.1%	4,916	0.9%	147,245	2,508
港区	243,283	886,173	749,814	37,880	711,934	94.9%	7,241	1.0%	120,186	1,852
中央区	333,560	750,120	504,305	51,526	452,779	89.8%	12,291	2.4%	64,020	8,186
豊島区	219,724	345,423	190,138	29,042	161,096	84.7%	8,580	4.5%	28,004	5,871
北区	198,073	294,756	202,135	34,988	167,147	82.7%	10,365	5.1%	56,365	4,400
練馬区	256,274	279,272	155,169	44,151	111,018	71.5%	12,096	7.8%	29,629	12,284
文京区	498,109	548,976	330,188	82,845	247,343	74.9%	16,497	5.0%	46,221	10,465
新宿区	386,855	527,019	336,262	60,206	276,056	82.1%	13,091	3.9%	54,693	5,893
渋谷区	277,622	293,382	137,807	31,307	106,500	77.3%	11,165	8.1%	19,152	2,542
台東区	717,082	684,451	338,090	139,309	198,781	58.8%	25,958	7.7%	54,797	21,496
中野区	903,346	812,810	303,885	110,834	193,051	63.5%	34,198	11.3%	37,879	2,416
目黒区	224,533	520,698	372,568	31,007	341,561	91.7%	9,534	2.6%	59,211	1,037
荒川区	328,215	289,176	118,550	34,569	83,981	70.8%	12,834	10.8%	16,371	911
葛飾区	563,997	480,172	161,932	65,209	96,723	59.7%	22,601	14.0%	23,468	1,025
墨田区	291,167	422,995	230,593	34,462	196,131	85.1%	10,523	4.6%	35,211	3,003
江東区	341,076	321,581	135,884	44,621	91,263	67.2%	12,959	9.5%	18,747	7,895
杉並区	212,264	191,626	86,732	30,018	56,714	65.4%	9,825	11.3%	12,814	5,814
足立区	561,916	493,747	197,858	83,103	114,755	58.0%	19,614	9.9%	27,188	16,454
江戸川区	721,722	588,243	211,897	92,232	119,665	56.5%	27,934	13.2%	27,478	3,032
品川区	670,122	608,632	242,319	118,262	124,057	51.2%	28,244	11.7%	35,287	12,760
世田谷区	442,913	376,235	147,103	68,530	78,573	53.4%	18,558	12.6%	21,394	9,525
大田区	681,298	570,877	211,819	106,160	105,659	49.9%	23,648	11.2%	29,268	9,473
区部計/平均	9,272,740	11,711,537	6,641,364	1,369,337	5,272,027	79.4%	354,900	5.3%	1,086,388	150,908

動する人口と、通勤のため労働力として移動する人口が含まれています。そこで、以下では労働力の移動に焦点をあてて、23区内の人口動態を分析します。表5-1の③は、区内で働いている労働者の数を表しています。③の値には当該区に居住しており当該区内で働いている労働者と、他地域に居住していて当該区内に出勤して働いている労働者が含まれています。④は、自区内で働いている労働者のみを取り出して表した労働者数です。区内で働いている労働者の数（③）から自区内で働いている労働者数（④）を差し引いた数（⑤）

が、出勤のため流入する労働者数となります。⑤の値が大きければ大きい程、首都直下地震が発生した場合に当該区で多くの帰宅困難者が発生する可能性が高くなります。⑤の人数は、いわゆる「潜在的帰宅困難労働者数」なのです。潜在的帰宅困難労働者数が多い順から、千代田区の713,419人、次いで板橋区の711,934人、港区の523,821人、中央区の452,779人となっています。さらに区内で働いている労働者の内、潜在的帰宅困難労働者の割合を表したのが⑥の値です。表5-1から明らかなように、すべての区で⑥の値は50％を超えています。つまり、すべての区で労働者の半数以上が他地域から流入した労働者であり、23区内に働く労働者の半数以上が潜在的な帰宅困難者であることを意味しています。特に、千代田区、板橋区、港区、中央区では9割以上の労働者が潜在的帰宅困難労働者なのです。

　さらに、各区内で働く労働者のうち、個人で事業を経営している人は地震で経営する事業が被災した場合には、その経済的な負のインパクトは企業に勤務している労働者とは比較にならないほど大きいものです。表5-1の⑦の個人商店関連労働者とは、雇い人のいない商店を経営している事業者数とその個人商店で働いている家族従業者数の合計です。つまり、家族経営の事業に従事している労働者数ということになります。23区内で個人商店関連労働者は計354,900人います。個人商店関連労働者数が多い順から、中野区の34,198人、品川区の28,244人、江戸川区の27,934人、台東区の25,958人となっています。区内で働く労働者数に占める個人商店関連労働者の割合を示しているのが⑧です。個人商店関連労働者の割合が最も高いのが、葛飾区の14.0％、次いで江戸川区の13.2％、世田谷区の12.6％、品川区の11.7％となっています。

　表5-1の⑨の商業従事者とは「有体的商品を仕入れて販売する事業所の従事者」と定義された労働者です。ここでは情報通信や金融サービスに従事する労働者は含まれていません。あくまで、物を販売する一般的な小売業で働く労働者です。23区内で商業従事者が最も多いのが板橋区の147,245人、次いで千代田区の121,760人、港区の120,186人、中央区の64,020人となっています。労働者に占める商業従事者の割合は23区全体で16.4％です。表5-1の⑥から明らかなように、商業従事者の多いこれら4つの区は、23区の中でも潜在的帰宅困難労働者数の多い区でもあります。言い換えると、これらの区では商業に

従事している労働者が潜在的な帰宅困難者となる可能性が高いことを意味しています。23区の全体平均よりも区内の労働者に占める商業従事者の割合が高いのが、北区の27.9％、板橋区の26.7％、練馬区の19.1％、千代田区の16.8％の4つの区です。これらの区も23区の中では潜在的帰宅困難労働者数の多く、商業に従事している労働者が潜在的な帰宅困難者となる可能性が高いことを意味しています。

表5-1の製造業従事者とは「工場、製作所、製造所などと呼ばれている製造や加工を行っている事業所の従事者」と定義される労働者です。23区内で製造業従事者が最も多いのが台東区の21,496人、次いで足立区の16,454人、品川区の12,760人、練馬区の12,284人と続きます。労働者に占める製造業従事者の割合は23区全体で2.3％です。区内の労働者に占める製造業従事者の割合が最も高いのが、足立区の8.32％、練馬区の7.92％、杉並区の6.7％、世田谷区の6.48％です。製造業従事者数が多い区や労働者に占める製造業従事者割合が高い区では、潜在的な帰宅困難者数が23区内で多い方ではありません。このことは製造業に従事している労働者が潜在的な帰宅困難者となる可能性はあまり高くないということを意味しています。

5-2　首都直下地震の高齢者の生活に与える影響

次に、首都直下地震が高齢者の生活へ与える影響について分析します。表5-2は、総務省「統計でみる市区町村のすがた2017」をもとに東京都23区における高齢者に関する人口動態をまとめたものです。各区の人口総数や昼間人口に対して高齢者生活者の規模がどの程度の規模であるのかをイメージしやすいように、表5-2には表5-1で示した人口総数及び昼間人口を再度示しています。表5-2から明らかなように、2015年で区全体の総人口が9,272,740人であるのに対して、65歳以上の人口は1,997,870人でした。これは23区に住む人の約5人に1人が65歳以上の人であることを意味しています。表5-2の③ではそれぞれの区に住む65歳以上の人数が示されています。65歳人口が最も多い区は中野区の184,512人、次いで品川区の165,151人、江戸川区の158,590人、台東区の158,190人と続きます。高齢者が多く居住する区では、首都直下地震によ

り高齢者が被害を受けるリスクが高いと考えることができます。特に問題なのは、高齢者だけで生活している世帯です。つまり、高齢者単身世帯や高齢者夫婦世帯が多ければ多い程、地震が発生した際に逃げ遅れてしまったりする可能性のある高齢者が多いということです。

表5-2　高齢者に関する人口動態[1]

	①人口総数（人）	②昼間人口（人）	③65歳以上人口	④65歳以上人口割合（③/①）	⑤高齢夫婦世帯数	⑥高齢単身世帯数	⑦高齢者のみで生活する人数（⑤×2+⑥）（人）	⑧高齢者のみで生活する高齢者割合（⑦/③）
	2015	2010	2015		2015	2015		
千代田区	58,406	819,247	10,286	17.6%	1,777	3,166	6,720	65.3%
板橋区	141,183	605,926	22,694	16.1%	3,930	7,090	14,950	65.9%
港区	243,283	886,173	42,694	17.5%	7,211	12,869	27,291	63.9%
中央区	333,560	750,120	65,274	19.6%	10,408	21,821	42,637	65.3%
豊島区	219,724	345,423	41,946	19.1%	7,062	12,574	26,698	63.6%
北区	198,073	294,756	46,590	23.5%	6,660	14,539	27,859	59.8%
練馬区	256,274	279,272	58,196	22.7%	9,375	15,257	34,007	58.4%
文京区	498,109	548,976	105,036	21.1%	19,150	27,600	65,900	62.7%
新宿区	386,855	527,019	78,247	20.2%	13,230	22,548	49,008	62.6%
渋谷区	277,622	293,382	55,198	19.9%	9,423	14,537	33,383	60.5%
台東区	717,082	684,451	158,190	22.1%	26,937	41,901	95,775	60.5%
中野区	903,346	812,810	184,512	20.4%	37,698	39,999	115,395	62.5%
目黒区	224,533	520,698	43,899	19.6%	6,824	15,218	28,866	65.8%
荒川区	328,215	289,176	67,709	20.6%	11,063	21,915	44,041	65.0%
葛飾区	563,997	480,172	124,460	22.1%	20,955	40,797	82,707	66.5%
墨田区	291,167	422,995	57,418	19.7%	9,135	19,403	37,673	65.6%
江東区	341,076	321,581	86,840	25.5%	14,199	25,885	54,283	62.5%
杉並区	212,264	191,626	48,930	23.1%	7,382	12,576	27,340	55.9%
足立区	561,916	493,747	128,058	22.8%	21,790	36,516	80,096	62.5%
江戸川区	721,722	588,243	158,290	21.9%	31,153	34,912	97,218	61.4%
品川区	670,122	608,632	165,151	24.6%	27,875	39,952	95,702	57.9%
世田谷区	442,913	376,235	109,059	24.6%	17,758	26,601	62,117	57.0%
大田区	681,298	570,877	139,193	20.4%	23,601	31,338	78,540	56.4%
区部計/平均	9,272,740	11,711,537	1,997,870	21.5%	344,596	539,014	1,228,206	61.5%

表5-2の⑤は高齢者夫婦世帯数を、⑥は高齢単身世帯数を区ごとに示しています。高齢者のみで生活している人たちの実数は⑤の高齢者夫婦世帯の高齢者と⑥の高齢単身世帯の高齢者の合計です。高齢者夫婦世帯の構成員数は2人、高齢単身世帯の構成員数は1人ですから、両世帯の構成員数の合計は、高齢者夫婦世帯を2倍したものに高齢単身世帯数を加えたものということになります。これが、表5-2の⑦の「高齢者のみで生活する人数」になります。23区全体で「高齢者のみで生活する高齢者」は約129万人います。区別でみると、「高齢者のみで生活する人数」が多い順に、中野区の115,395人、江戸川区の97,218人、台東区の95,775人、品川区の95,702人となっています。65歳の高齢者の内、高齢者のみで生活する人達の割合を示したのが表5-2の⑧です。「65歳以上人口に占める高齢者のみで生活する高齢者の割合」は23区全体で61.5％にのぼります。また、すべての区で、65歳以上の高齢者の半分以上が高齢者のみで生活していることを表5-2の⑧は示しています。65歳以上人口に占める高齢者のみで生活する高齢者の割合が最も高いのが、葛飾区の66.5％、次いで板橋区の65.9％、目黒区の65.8％、墨田区の65.6％となっています。

　ただし、高齢者のみで生活する高齢者数が多い区や高齢者のみで生活する高齢者の割合が高い区で、必ずしも65歳以上の人口割合が高いわけではありません。しかし、23区の中で葛飾区のみは、65歳以上の人口、65歳以上の人口割合、高齢者のみで生活する高齢者数、高齢者のみで生活する高齢者の割合のすべてにおいて高い水準にあります。葛飾区は自然災害が発生した際に高齢者に及ぼす影響が最も大きい区であると言えます。

5-3　建物喪失に伴う人的被害の推計

　以下では、第3章で紹介した東京都防災会議による『首都直下地震等による東京の被害想定——概要版』[2]で推計された建物倒壊率および建物焼失率を用いて、東京23区の建物喪失に伴う人的被害の推計を行います。具体的には、第3章と同様に地震の規模がマグニチュード7.3、地震発生は冬の夕方18時、その時の風速が8m/秒、という設定で行われた建物倒壊率および建物焼失率の推計値を利用します。

図5-1 人的被害の推計結果[2]

　地震に伴う死傷者数は、建物倒壊率および建物焼失率が高いほど増加すると考えられます。そこで、23区別の建物倒壊率および建物焼失率と各区の人口総数を掛け合わせることで、人的被害の規模を算出しました。図5-1は、建物喪失にともなう人的被害の規模を地図上に色付けしたものです。図5-1は、赤色に近いほど人的被害の規模が大きく、緑色に近い日ほど人的被害の規模が小さいことを表しています。

　図5-1から明らかなように、23区の東部である江戸川区、江東区、足立区と23区の西部である大田区、品川区、世田谷区、杉並区、が赤色ないし赤色に近い色に色分けされた区です。つまり、これらの区では、建物倒壊・建物全焼による影響を受ける人たちが多いことを意味しています。一方で、都心3区の中央区、港区、千代田区、副都心4区の渋谷区、新宿区、文京区、豊島区は23区の中では全体として緑色に近い区が多く、建物倒壊・建物全焼による人的被害は相対的に小さい地域です。図5-1の状況を詳細に示しているのが表5-3です。表5-3は図5-1の基となっているデータを23区別に整理したものです。表5-3の①は、各区の建物数（木造・非木造含む）に占める、首都直下地震により全壊が見込まれる建物数の割合です。23区内における建物全壊率の平均値は6.1%です。建物全壊率の値の大きい順に、荒川区の18.7％、墨田区の17.1％、江東区の15.4％となっています。つまり、首都直下地震による建物倒壊は23区東部である荒川区、墨田区、江東区で深刻であるということです。

表5-3　建物喪失に伴う人的被害[2]

	① 建物全壊率 (%)	② 建物焼失率 (%)	③ 建物全壊率+建物焼失率 (%)	④ 人的被害 (人)
千代田区	4.4	0.0	4.4	2,428
板橋区	1.8	0.8	2.6	14,049
港区	6.1	0.8	6.9	15,381
中央区	10.2	0.5	10.8	15,556
豊島区	2.9	2.4	5.3	15,941
北区	3.8	0.9	4.7	16,197
練馬区	1.3	2.1	3.5	25,096
文京区	7.6	5.2	12.8	28,051
新宿区	5.6	3.3	8.8	30,179
渋谷区	6.7	8.8	15.4	33,593
台東区	14.9	6.1	21.0	39,196
中野区	3.1	10.0	13.1	42,462
目黒区	3.9	17.4	21.4	59,313
荒川区	18.7	14.3	33.1	69,409
葛飾区	7.0	10.4	17.4	77,462
墨田区	17.1	16.1	33.3	86,191
江東区	15.4	6.8	22.2	109,033
杉並区	3.0	18.7	21.7	122,244
足立区	7.0	11.2	18.3	127,007
江戸川区	7.2	12.3	19.4	133,134
品川区	6.9	28.3	35.2	134,043
世田谷区	3.3	12.1	15.4	139,587
大田区	7.7	22.3	30.0	213,842
平均/合計	6.1	10.7	16.8	1,556,374

　表5-3の②は、各区の建物数（木造・非木造含む）の中で首都直下地震により全焼が見込まれる建物数の割合です。23区内における建物焼失率の平均値は10.7%ですが、この値は建物全壊率の6.1%よりも7割以上も高い値です。つまり、地震によって建物を失う原因として、「地震による揺れ」よりも「地震発生に伴う火災」がより深刻であるということです。区別の建物焼失率が最も高いのが品川区の28.3%、大田区の22.3%、杉並区の18.7%となっています。つまり、首都直下地震による建物焼失は23区西部である大田区、品川区、杉並区で深刻であるということです。

　先程、人的被害の規模が大きい地域は23区の東部である江戸川区、江東区、足立区と23区西部である大田区、品川区、世田谷区、杉並区であることを図5-1で確認しました。つまり、人的被害の大きい23区の東部である江戸川区、江東区、足立区では、人的被害の原因が地震そのものの揺れであるというこ

とです。一方、23区の西部である大田区、品川区、世田谷区、杉並区では、人的被害の原因が地震発生に伴う火災であるということです。

表5-3の③は、「地震による揺れ」より全壊する建物の割合と「地震発生に伴う火災」によって焼失してしまう建物の割合を合計したものです。③の値が大きければ大きいほど、地震による建物の全壊や焼失によって死傷したり、財産を喪失する人たちの数は多いことを意味しています。③の値を区ごとに比較すると、③の値の大きい順に品川区の35.2％、墨田区の33.3％、荒川区の33.1％、大田区の30.0％となっています。③の値に区の人口を掛け合わたのが、④の人的被害と記した数字です。ただし、④の数字は、死傷者数の推計値ではありません。④の数字は、あくまで地震による建物の倒壊や焼失で影響を受けるであろう人達の推計値に過ぎません。地震による建物の倒壊や焼失で影響を受けるであろう人達が最も多いのが、大田区の213,842人、次いで世田谷区の139,587人、品川区の134,043人となっています。地震による建物の倒壊や焼失によって影響を受けるであろう人達が最も多い区が、必ずしも建物全壊率と建物焼失率が高い区とは限りません。なぜなら、地震による建物の倒壊や焼失で影響を受けるであろう人達の数は、区の人口に大きく依存しているからです。例えば、建物全壊率と建物焼失率の合計値が15.4％と23区内でも決して大きくない世田谷区が、地震による建物の倒壊や焼失で影響を受けるであろう人達が23区内で2番目に多いのは、世田谷区の人口が約90万人と23区内で最も人口が多い区だからです。

以上、本章では首都直下地震が発生した場合に労働者および高齢者の生活にどのような影響が及ぶのか人口動態に関するデータを用いて議論しました。また、建物喪失に伴う人的影響についても検証しました。労働者については、23区内で働いている約660万人の労働者のうち、約530万人の労働者が他地域から通勤しているということ、この人たちが潜在的帰宅困難労働者であることを示しました。また23区内に居住する約200万人の65歳以上の人の内、約130万人が高齢者のみで生活する人たちであるということです。これらのことから、首都直下地震が発生した場合に備えて迅速に交通網の復旧を実現するための対策や、高齢者のみで生活している世帯を支える仕組みの構築が不可欠となります。地震による建物喪失に伴う人的影響については、人数ベース

ですと、23区西部である大田区、品川区、世田谷区が23区の中で最も影響を受ける区でした。地震による建物の倒壊や焼失による建物喪失率については、23区東部の墨田区と荒川区、23区西部の品川区と大田区が23区内で建物喪失率の高かった区でした。建物喪失の原因として、23区東部の区については「地震による揺れ」が、23区西部に関しては「地震発生に伴う火災」による焼失が主たる原因です。

参考文献・引用文献

1) 総務省「統計でみる市区町村のすがた2017」2017。https://www.e-stat.go.jp/stat-search/files?page=1&layout=datalist&toukei=00200502&tstat=000001102475&cycle=0をもとに筆者作成。
2) 東京都防災会議「首都直下地震等による東京の被害想定──概要版」2012。http://www.bousai.metro.tokyo.jp/_res/projects/default_project/_page_/001/000/401/assumption_h24outline.pdfをもとに筆者作成。

6章

リスクと防災

様々な自然災害が人々に大きな被害を及ぼすことを経験し、私たちは「安全」であることがいかに重要であるのかを再確認してきました。特に、2011年の東日本大震災による甚大な被害の発生はその思いを一層強くさせました。なぜなら、東日本大震災は単発の地震災害にとどまらなかったからです。地震によって発生した津波によって福島原子力発電所が被災し、大量の放射性物質が大気中に放出されてしまいました。その結果、福島原子力発電所から半径20km内に住む10万人以上の住民が避難することを余儀なくされてしまいました。東日本大震災の経験から、日本政府は災害発生後の復興・復旧を図るという「事後的な政策」のみではなく、平時から自然災害に対する備えを行う「事前の政策」により重点を置くようにするとしています。また、日本政府は「安全と安心の確保」をうたっており、2018年1月の196回国会における安倍内閣総理大臣施政方針演説では、「世界一安全・安心な国創りを推し進める」と宣言しました。

　では「安全・安心」な状態とはどんな状態でしょうか。「安心」は個人が感じる主観的な心の状態です。個人によって「安心」の基準や水準は異なります。従って、「安心」と感じる状態を一義的に定義することは困難です。他方、「安全」は客観的に判断できる状態です。つまり、一義的に定義することは可能です。では「安全な状態・状況」とはどんな状態でしょうか。「安全な状態・状況」は、「危険でない状態・状況」と言い換えることができます。つまり、「危険」を定義できれば、おのずと「安全」も定義できることになります。以下では、「危険」について考察していきます。

6-1　「リスク(Risk)」「不確実性(Uncertainty)」「ハザード(Hazard)」

　「危険」の同義語に「リスク（Risk）」という概念があります。「リスク」は、将来に対する「不確かさ」やその不確かさに起因する影響です。私たちは、日々様々な危険やリスクに晒されています。ケガや病気をしてしまうリスク（傷病のリスク）、死亡のリスク、自分の所有しているものが破損したり盗まれたりしてしまうリスク（物損のリスク）、仕事や職を失うリスク（失業のリスク）、な

と個人にふりかかるリスクは無数にあります。また、一人の個人だけではなく社会の多くの人たちに影響を及ぼす自然災害のリスクも数多く存在します。人間を取り巻くリスクは、数え始めたらきりがないくらい、私たちの身の回りに存在しています。

日常的に私たちは「リスク」という単語を何気なく使っていますが、人によって或いは場面によってその意味するところは異なっています。概ね「リスク」は以下の3つのいずれかの意味で使用されています。つまり、(i) リスクとは望ましくない出来事や状況が発生する可能性(p)、(ii) リスクとは望ましくない出来事や状況が発生した場合に生じる損害(影響)の大きさ(L)、(iii) (i)と(ii)を同時に加味したいわゆる望ましくない出来事や状況が発生した場合の損失(影響)の期待値($E(D)$)、の3つです。(i)、(ii)、(iii)の関係は以下のように表現できます。

$$E(D) = f(p, L) = pL \quad (1)$$

リスクと類似した概念に不確実性(Uncertainty)、ハザード(Hazard)という概念があります。リスクと不確実性の違いを明確に定義したのが、経済学者のナイト(Frank Hyneman Knight)です。Knight(1921)は、「何が起こるかわからない不確定な状況のうち、起こり得ることやその確率がわかっているものの、どの事象が起こるのかだけがわからない状況」をリスクのある状況と定義しています。つまり、事前にある事象が発生する確率分布がわかっているものを「リスク(Risk)」と定義しました。言い換えると、ある事象が発生する確率を計算できる母集団が存在し、そこからその事象が起こりうる可能性を客観的に推測できるということです。この場合には、いわゆる「大数の法則」が成立しますので、保険などのシステムでリスクを市場で取引することにより、個人が被る不利益の軽減が可能となります。一方、不確実性(Uncertainty)については、「何が起こるかわからない不確定な状況のうち、どの事象がどんな確率で起こるのかがわからない状況」を不確実性のある状況と定義しています。言い換えると、事前にある事象が発生する確率分布がわかっていないものを「不確実性(Uncertainty)」と定義しました。つまり、ある事象が発生する確率を計算できる母集団が存在しないため、その事象が起こりうる可能性を主観的に

しか推測できないということです。この場合には、「大数の法則」が成立しません。従って、保険などで不確実性を市場で取引し、個人が被る不利益を軽減させることはできません。

保険は事前に発生確率がわかっているリスクをカバーするものです。具体的には、生命保険、傷害保険、自動車保険などが存在します*。どの保険にも、保険会社が保険金の支払責任を負わない条件である免責条項が存在します。生命保険、傷害保険、自動車保険などの保険には、通常、地震、噴火、津波などの天災、戦争など紛争が原因の損害については保証の対象にはならないという免責条項が設けられています。つまり、地震、噴火、津波などの天災、戦争など紛争などは「リスク」ではなく「不確実性」であり、事前にその発生確率がわからないので、保険の対象とはならないです。

*リスクへの対処法としての保険については、東京安全研究所・都市の安全と環境シリーズ4『災害に強い建築物――レジリエンス力で評価する』の第2章及び第3章で詳細に説明されていますので、ここでは保険の仕組み等についての説明は割愛します。

最後に、ハザード（Hazard）についてですが、ハザードは「望ましくない出来事や状況を発生させうる人間がコントロールできない潜在的危機の原因（a source of potential danger）」と定義できます。具体的には、自然災害などがハザードの典型的な例です。ハザードに接近すればするほど望ましくない出来事や状況が発生する確率は大きくなります。逆に、ハザードから遠ざかれば遠ざかるほど望ましくない出来事や状況が発生する確率は小さくなります。例えば、「噴火活動が続いている活火山の火口」はハザードです。このハザードに近づくほど、様々なリスクが発生する可能性が高まります。しかし、自分からハザードに近づかなくともハザードの方から自分に近づいてくる場合もあります。東日本大震災で発生した津波などはハザードの方から近づいてきた例です。しかし、東日本大震災で発生した津波というハザードは、九州や関西方面の人にとってはハザードとはなりませんでした。事前にハザードの発生確率が予測可能か否かという点では、予測可能な部分と予測不可能（困難）な部分が混在しています。ハザードはナイトが定義した「リスク」と「不確実性」の2つの部分で構成されているのです。つまり、ハザードは事前に想定できる危険（リスク）と事前に想定できない危険（不確実性）を合わせもった危

険ということができます。

6-2 自然災害の被害

次に、自然災害の被害について議論します。自然災害の被害（リスク）(D) は、(i) 自然災害が発生する確率（ハザード確率）(h)、(ii) 自然災害が影響を及ぼすエリアの建物や人口の状態 (L)、(iii) 社会経済システムの脆弱性 (Vulnerability) (V)、の3つの要素によって決定されます。(iii) の社会経済システムの脆弱性とは、自然災害に対して社会経済システムがどれだけ耐性を有しているかということです。社会経済システムの脆弱性を決定する要素として、ハード面では建物の耐震性や耐火性の程度、ソフト面では災害が発生した際の避難・救助活動の迅速さ、などがあります。たとえ地震が発生しても建物の耐震性が高ければ、建物の倒壊のリスクは軽減し、建物倒壊に伴って引き起こされるかもしれない人的被害も小さいものになります。自然災害の被害の程度を左右する要素の内、(i) の自然災害が発生する確率（ハザード確率）(h) は人間がコントロールできるものではありません。(ii) の自然災害が影響を及ぼすエリアの建物や人口の状態 (L) については、政府が規制等によってある程度コントロールできるかもしれませんが、100パーセントコントロールすることは不可能です。(iii) の社会経済システムの脆弱性 (V) については政府や国民の努力によって改善することは可能です。但し、自然災害発生時に全く影響を受けない社会経済システムの構築は不可能です。これらの関係は下式のように表現できます。

$$E(D) = g(h, L, V) = hLV \quad (2)$$

自然災害が発生した場合に発生する社会的損失の期待値 ($E(D)$) は hLV と表現できます。h も L は基本的には人間はコントロールできないので、V が唯一コントロールが可能な変数です。つまり、V を小さくすることによって自然災害が発生した時の被害（リスク）D の期待値 ($E(D)$) を最小することが可能となります。社会経済システムの脆弱性を表す変数 (V) の例として、自然災害が地震の場合には、地震フラジリティ曲線 (Seismic Fragility Curve) を挙げる

こ

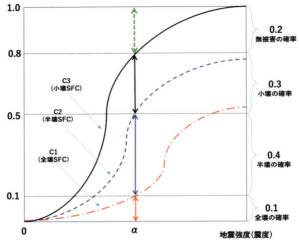

図6-1　地震フラジリティ曲線

とができます。地震フラジリティ曲線は、全壊、半壊などの被害の程度を特定した上で地震の強度（震度）によって、全壊、半壊などの被害がどのくらい発生するのかを示すものです*。図6-1は地震による建物への影響が、全壊、半壊、小規模な損傷・破損（小壊）の３種類のみとした時の地震フラジリティ曲線の例を描いたものです。C1、C2、C3の曲線はそれぞれ全壊、半壊、小壊の地震フラジリティ曲線です。地震が発生し震度が α であった時に、全建物の10％が全壊、50％が半壊、80％が小壊なることを図6-1の地震フラジリティ曲線は示しています。ここで注意しなくてはならないのは、小壊の80％の中には、全壊と半壊の建物の割合も含まれているということです。つまり、図6-1の例では、震度が α であった時に、全壊する建物の割合は10％、半壊する建物の割合は40％、小規模な損傷・破損（小壊）の建物の割合が30％、無被害の建物の割合が20％であるということになります。この被害割合のもととなっている地震フラジリティ曲線が（2）式のV、いわゆる社会経済システムの脆弱性に相当します。建物の建築素材や工法によって地震の揺れに対する建物の強度を高めることは可能です。つまり、図6-1の地震フラジリティ曲線を下

方にシフトさせることは可能なのです。地震フラジリティ曲線の下方へのシフトは、震度 a に対して、全壊、半壊、小壊する建物が減少することを意味し、被害を受けない建物の割合を増加させることになります。この例ですと、地震フラジリティ曲線を下方へシフトさせるには、例えば耐震性に関する建築基準の厳格化などが考えられ、そのことによって社会経済システムの脆弱性を軽減させることが可能となるのです。つまり、政策やルールよって地震フラジリティ曲線を下方にシフトさせることで、社会経済システムのレジリエンス（Resilience、強靭性）を高めることが可能であるということです。

＊第2章で用いた図G3の被害曲線は、地震フラジリティ曲線(Seismic Fragility Curve)です。

6-3　社会経済システムの脆弱性の克服と強靭化

　前項で議論したように自然災害の被害を軽減するためには、自然災害に対する社会経済システムのレジリエンス（Resilience、強靭性）を高めることによって、自然災害からのがダメージを軽減することは可能です。社会経済システムのレジリエンスを高めることが自然災害対策として重要であることを明確に示したのが、2005年に策定された「兵庫行動枠組2005-2015」(Hyogo Framework for Action 2005-2015（HFA）) です。兵庫行動枠組（HFA）は2005年12月に神戸市で開催された第2回国連防災世界会議で策定されました。兵庫行動枠組（HFA）は1995年に発生した阪神・淡路大震災と2004年に発生したスマトラ沖地震の経験を踏まえ、災害に強い国・コミュニティの構築を目指すための枠組です。兵庫行動枠組（HFA）では、災害が発生する前に包括的に自然災害に対する社会経済システムの脆弱性を減らすべきであるとしています。日本でも兵庫行動枠組（HFA）に従い、社会経済システムの脆弱性を克服すべき方向で自然災害に対する様々な事前対策・政策、いわゆる減災政策がすすめられました。しかし、東日本大震災の被災状況は、自然災害に対する社会経済システムの脆弱性を克服しようとする日本の減災政策が十分ではなかったことを露呈させる結果となってしまいました。地震発生に伴う津波によって2万人以上の人が犠牲となったことと福島原発事故の発生は、日本の自然災害への事前対応・対策が十分でなかったことを世界中に示してしまうこととなってしまいました。

兵庫行動枠組が終了する2015年以降の防災枠組みとして、「仙台防災枠組2015-2030（Sendai Framework for Disaster Risk Reduction 2015-2030）（Sendai Framework）」が2015年3月に仙台で開催された第3回国連防災世界会議で策定されました。同会議には、国連加盟国のうち185ヶ国が参加し、元首7ヶ国，首相5ヶ国（含日本），副大統領級6ヶ国，副首相7ヶ国（以上国連発表）を含む100名以上の閣僚等、国際機関、研究者、NGOを合わせて本体会議には6,500人以上が参加しました。関連イベントも含めると15万人以上が国内外から参加しました。その規模は日本で開催された国連会議では過去最大級の規模となりました。仙台防災枠組2015-2030では、2015年から2030年までの15年間で「人命・暮らし・健康と、個人・企業・コミュニティ・国の経済的・物理的・社会的・文化的・環境的資産に対する災害リスク及び損失を大幅に削減させる」ということを達成すること目指すこととしています。仙台防災枠組では4つの優先行動と7つの目標（ターゲット）が設定されました。4つの優先行動とは、(i) 災害リスクの理解，(ii) 災害リスク管理のための災害リスクガバナンスの強化、(iii) レジリエンスのための災害リスク軽減のための投資、(iv) 効果的な緊急対応のための災害への備えの強化と復旧・再建・復興に向けた「より良い復興」、です。7つの目標（ターゲット）とは、①災害による死亡者数の大幅な減少、②災害による被災者数の大幅な減少、③災害による経済的損失の軽減、④災害による重要インフラや基礎的な公共サービスへの影響の大幅な軽減、⑤国レベル及び地方自治体レベルでの防災戦略を採用する国を増やすこと、⑥開発途上国が仙台防災枠組2015-2030を国として取り組むようにするための国際協力を強化すること，⑦早期警戒システムや災害リスク情報へのアクセスの向上、です。①②③は、自然災害による人的・物的損失を減少させる結果目標（Outcome Target）であり、④⑤⑥⑦は①②③を実現するための行動目標（Output Target）です。兵庫行動枠組と仙台防災枠組の最も大きな相違点は、兵庫行動枠組では行動目標だけが盛り込まれていたのに対して、仙台防災枠組には行動目標に加えて、結果目標が盛り込まれたことです。さらに、仙台防災枠組の結果目標に対しては具体的な数値目標まで盛り込まれた点が兵庫行動枠組とは最も異なる点です。

6-4　想定外の自然災害

　東日本大震災の復興の過程で、地震の揺れの大きさや津波の破壊力に関して政府やメディアは「想定外」ということばを繰り返し使用しました。東日本大震災後も、大規模自然災害が発生する度に「想定外」ということばは繰り返し使われてきました。2018年だけに限っても、6月の大阪北部地震、7月の西日本豪雨、8月の超大型台風21号、9月の北海道胆振東部地震が発生するたびに、「想定外の規模の自然災害」という表現が政府関係者やメディアで繰り返されました。自然災害に直面した時に使われる「想定外」ということばには、2つの意味があります。つまり、(i) 自然災害の発生の可能性や自然災害の規模とその影響の大きさなどについてそもそも考えてもいなかったという意味、(ii) 自然災害の発生の可能性や自然災害の規模とその影響の大きさなどについて認識はしていたものの事前の対処（準備）状況が十分なものではなかったという意味、です。(i) のケースの場合には、事前の対処が全くできないわけですから「想定外」は正確には「想像外」ということになります。しかし、ほとんどの自然災害発生後に政府関係者やメディアから繰り返し発信されるる「想定外」という単語は、(ii) の意味で用いられています。つまり、自然災害の発生の可能性、自然災害の規模、その影響の大きさについて認識していたものの、その発生頻度や規模等について過少に評価していたということです。ですから大規模自然災害の被害が大きい時に「100年に一度の自然災害であったため想定することができなかった」という意味合いのコメントが政府から繰り返されるわけです。もちろん、自然災害のリスクをゼロにすることは不可能です。しかし、先に議論したように、社会経済システムを変更して、自然災害に対する社会経済システムのレジリエンスを高めることによって、自然災害による被害を軽減することは可能です。しかし、自然災害に対する社会経済システムのレジリエンスを高めるためには時間も費用もかかります。また現実的には時間にも費用にも制約があるわけですから、自然災害から何を守りたいのかに関して優先順位を付け、社会経済システムを変更して社会経済システムのレジリエンスを高める必要があります。優先順位を付けるということは、「何をどこまで守りたいのか」を決めることであり、

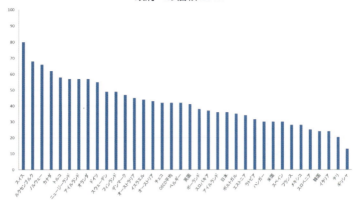

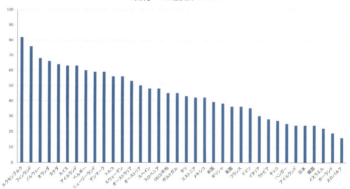

図6-2　OECD諸国の政府に対する信頼[1]

　言い換えると、優先順位の下位に位置する自然災害のリスクの内のどこまでのリスクを許容範囲するのかということを決めることです。ただし、時代によって守るべき優先順位の順番は変化します。自然災害のリスクの許容範囲を決定するには、国民のコンセンサスが必要です。政府は国民のコンセンサスが得られるように自然災害のリスクの許容範囲を決定しなくてはなりません。政府が国民のコンセンサスを獲得するためには、政府に対して国民からの信頼が厚いことが重要です。政府に対する国民の信頼度が高いと、政府の

政策に対して国民の理解が得やすく、政府による決定事項の実効性が高まります。しかし残念ながら、日本人の政府に対する信頼度はOECD諸国の中で決して高くありません。図6-2は、OECD諸国の国々で国民のどのぐらいの割合の人が政府を信頼しているかということをまとめた棒グラフです。図6-2から明らかなように、2016年時点で日本国民のわずか36％、つまり、約3人に1人の国民しか政府を信頼していませんでした。この値はOECD35ヶ国中23番目で、OECDの平均値よりも低い割合でした。2007年時点ではさらにひどい状況で、OECD35ヶ国の最下位から5番目の24％、つまり国民の4人に1人しか政府を信用していないという状況でした。自然災害のリスクの許容範囲を決定するためには国民のコンセンサスが必要ですが、国民のコンセンサスを得るためにはまず政府に対する国民の信頼を回復させる必要があります。そうでないと国民のコンセンサスは得られず、結果として自然災害のリスクの許容範囲を決定することができなくなってしまいます。仮に決定できたとしても、その実効性は高いものではなくなってしまう可能性があります。政府に対する国民の信頼を回復することが、社会経済システムのレジリエンスの水準を高めるためにはまず必要なことなのです。

6-5　日本人の危機意識

　日本人は欧米人に比べて危険に対する意識が希薄だと思います。例えば、冷戦時代に核戦争が起こりうる状況下で、欧州では数多くの核シェルターが設置されている一方で、日本では政府によって核戦争に対する備えというものは全く行われませんでした。また、国民も核戦争は起こらないと考えていたように感じます。1998年から2017年までの間に、北朝鮮の弾道ミサイルが5回も日本列島上空を通過し太平洋に落下しても、日本政府は明確な危機管理体制を構築してきませんでした。日本国民の間でも北朝鮮のミサイルから身を守るために事前になんかすべきだという議論や行動が起こることはありませんでした。今から約50年前の1971年に出版されたイザヤ・ベンダサン著の『日本人とユダヤ人』の「安全と自由と水のコスト」の記述の中で、著者は「日本人は水と安全はタダで手に入る」と思い込んでいるという記述がありま

す。50年前に指摘された日本人に対する認識(理解)は、現在も基本的には何ら変化していないという印象を受けます。

　広瀬(2006)によれば、人間の心理には無意識に様々なバイアスがかかっているとしています。特に日本人には「正常性バイアス」、「同調性バイアス」、「同化性バイアス」、の3つのバイアスが顕著であるとしています。広瀬(2006)はこの3つのバイアスが「日本人が平和慣れしてしまっている要因」、「危機意識が希薄である要因」であるとしています。1つ目の「正常性バイアス」とは、予期せぬ危険な状況が発生しても「それが危険でない」、「自分は大丈夫だ」と考えてしまう傾向のことをいいます。実際、東日本大震災では避難警報が出ているにもかかわらず避難しない人たちや、津波が迫っているにもかかわらず急いで逃げようとしない人たちが相当数いました。2つ目の「同調性バイアス」とは、周りの人々の考え方や行動に影響されるバイアスのことです。たとえ予期せぬ危険な状況が迫ってきたとしても、まわりの人々の避難行動と同じ行動をとってしまうという心理です。3つ目の「同化性バイアス」とは、予期せぬ危険な状況が迫ってきた時にその接近速度がゆっくりであった場合に、迫りくる危険な状況に対して鈍感になり認知や予測が遅れてしまうというバイアスです。つまり、突発的な危機にはすぐに反応するものの、ゆっくりと迫ってくる危機に対しては対応が遅れるという心理です。これら3つの心理バイアスがあるため日本人は危機・危険に対して鈍感であり、危機・危険に対して事前の対応や準備が十分でない傾向にあるのではないかと、広瀬(2006)[2]は指摘しています。

参考文献・引用文献

1) OECD, *Goverment at a Glance*, 2017のデータをもとに著者作成。
2) 広瀬弘忠『無防備な日本人』筑摩書房，2006。

おわりに

　自然災害や不測の事態（予期できないハザード）に対して、日本はこれまで被害を被ってから対処し、再発防止策を講じるという姿勢で対応してきました。しかし、東日本大震災の経験から、日本政府は災害発生後の復興・復旧を図るという「事後的な政策」のみではなく、平時から自然災害に対する備えを行う「事前の政策」により一層重点を置くようにするとしています。これを端的に表しているのが、国の防災プロジェクトの変遷です。最新の防災プロジェクトは2016年の「防災4.0」ですが、過去の大災害を契機にこれまで3度防災プロジェクトが設定されてきました。初めて設定された防災プロジェクトは1959年の伊勢湾台風の際の「防災1.0」、その次が1995年の阪神・淡路大震災後に設けられた「防災2.0」、続いて2011年の東日本大震災後に講じられた「防災3.0」でした。「防災3.0」で初めて自然災害への備えが不十分であったことが認識され、「減災」という概念が明記されました。「防災4.0」は「防災3.0」では明記されていなかった「国民一人一人が災害リスクに向き合うこと」が強調されています。その上で、防災を「自分ごと」として捉え、相互の繋がりやネットワークを再構築することで、社会全体の復元力を高めて、多様な災害に備える社会を構築することが謳われています。本書で行った首都直下地震の損失に関する議論を通じて最も主張したいことは、自然災害発生に伴う被害をゼロにすることは不可能ですが、自然災害に対する社会経済システムのレジリエンス（Resilience、強靭性）を高めることによって、自然災害からの被害（ダメージ）を軽減することは可能だということです。言い換えると、自然災害に対する最も有効な防災とは、事前の対応や準備を十分に行うことです。その際に重要なのは、危機・危険を感じ取る人間の感度です。私達日本人は危機・危険に対して鈍感であることを自覚し、危機・危険に対する感度を磨いて、自然災害に対処していくことが私達にとって最も有効な防災対策なのです。

執筆者紹介・執筆担当章

福島淑彦（ふくしまよしひこ）

はじめに、第1章～第6章、おわりに

早稲田大学政治経済学術院教授

スウェーデン王立ストックホルム大学　Ph.D. in Economics（経済学博士）

専門分野：労働経済学、公共経済学、経済政策

主な論文：「スウェーデンにおける再雇用支援」『日本労働研究雑誌』第61巻第5号、2019; 'Employment of Persons with Disabilities in Sweden,' *Global Business & Economics Anthology*, Volume I, March 2019; 'Public Sector Size and Corruption,' *Japanese Journal of European Studies*, Vol. 4, 2016等多数。

橋本想吾（はしもとそうご）

第4章

慶應義塾高等学校教諭

1991年東京生まれ。2015年早稲田大学政治経済学部卒業。2017年同大学大学院修士課程修了。同年、同大学大学院博士後期課程入学。高年齢者雇用安定法の改正が若年雇用へ及ぼす影響についての実証研究を行う。2018年より現職。

東京安全研究所・
都市の安全と環境シリーズ6

首都直下地震
被害・損失とリスクマネジメント

2019年6月15日　初版第1刷発行

著者	福島淑彦
デザイン	坂野公一＋節丸朝子（welle design）
発行者	須賀晃一
発行所	早稲田大学出版部
	〒169-0051 東京都新宿区西早稲田1-9-12
	TEL 03-3203-1551
	http://www.waseda-up.co.jp
印刷製本	シナノ印刷株式会社

©Yoshihiko Fukushima 2019 Printed in Japan
ISBN978-4-657-19009-3

「都市の安全と環境シリーズ」ラインアップ

◉ 第1巻
東京新創造
――災害に強く環境にやさしい都市（尾島俊雄 編）

◉ 第2巻
臨海産業施設のリスク
――地震・津波・液状化・油の海上流出（濱田政則 著）

◉ 第3巻
超高層建築と地下街の安全
――人と街を守る最新技術（尾島俊雄 編）

◉ 第4巻
災害に強い建築物
――レジリエンス力で評価する（高口洋人 編）

◉ 第5巻
南海トラフ地震
――その防災と減災を考える（秋山充良・石橋寛樹 著）

◉ 第6巻
首都直下地震
――被害・損失とリスクマネジメント（福島淑彦 著）

◉ 第7巻
都市臨海地域の強靭化
（濱田政則 編）

◉ 第8巻
密集市街地整備の現状とこれから
（伊藤 滋 編）

◉ 第9巻
仮設住宅論
（伊藤 滋 編）

◉ 第10巻
木造防災都市
（長谷見雄二 編）

各巻定価＝本体1500円＋税

早稲田大学出版部